Religionsunterricht an berufsbildenden Schulen

Berufliche Bildung mit religiöser Kompetenz

Reihe: gott-leben-beruf
Schriften des Institutes für berufsorientierte Religionspädagogik Bd. 2
Herausgegeben von Albert Biesinger, Josef Jakobi, Joachim Schmidt

Impressum

Herausgeber
Institut für berufsorientierte
Religionspädagogik
Liebermeisterstraße 12
72076 Tübingen

Albert Biesinger
Josef Jakobi
Joachim Schmidt

© 2005,
Alle Rechte vorbehalten

Kontakt
Telefon: 07071-29-74049
Telefax: 07071-29-5181
E-Mail: info@ibor-tuebingen.de
Internet: www.ibor-tuebingen.de

Gestaltung und Satz
Andrea Braunberger
www.twob-gestaltung.de

Herstellung und Verlag
Books on Demand GmbH,
Norderstedt
Printed in Germany

ISBN 3-8334-3373-6

Die Deutsche Bibliothek –
CIP-Einheitsaufnahme

Inhalt

Joachim Schmidt
Vorwort

„Ich denke, der Bedarf an Wertevermittlung, an Orientierung wird in Zeiten der Globalisierung und der ihr eigenen neuen Unübersichtlichkeit noch erheblich steigen." Mit diesen Worten charakterisierte Bundestagspräsident Wolfgang Thierse im Mai 2004 bei der Eröffnung eines Kongresses zum Thema „Zukunfts-verantwortung" die Notwendigkeit einer Sinn- und Werteorientierung in der Arbeitswelt.

Ganz besonders gilt es, eine solche Sinn- und Werteorientierung Jugendlichen in der Phase ihrer Ausbildung mitzugeben. Berufliche Bildung braucht Werteorien-tierung. Diese aber kann aber nicht im luftleeren Raum erfolgen - sie braucht das Fundament einer stabilen Überzeugung. Der christliche Glaube bietet ein solches Werte- und Orientierungsfundament. Er bietet „Leitplanken", die zeigen, wie Leben gelingen kann. Eine solche Orientierung ist gerade für Jugendliche in der Ausbildung von elementarer Bedeutung. In den Umbrüchen und Lebens-krisen, die der Übergang von der Schule in die Arbeitswelt mit sich bringt, brauchen die jugendlichen Auszubildenden Geleit und Hilfe. Diese finden sie immer wieder, wie zahlreiche Interviews mit Berufsschülern bestätigen, im Reli-gionsunterricht und besonders in der Person des Religionslehrers oder der Religionslehrerin.

Der Religionsunterricht an beruflichen Schulen leistet damit einen wichtigen Bei-trag für die Persönlichkeitsentwicklung von jungen Menschen. Dieser Beitrag ist nicht nur wesentlich für diese selbst, sondern auch für die Unternehmen und Betriebe. Auch sie haben einen Nutzen davon, wenn junge Menschen – neben der zweifelsohne zentralen Ausbildung in ihren Fachrichtungen – auch eine sinn- und werteorientierte Bildung erhalten. Solche Bildung stärkt ihren eigenen Selbstwert, sie hilft bei der Orientierung im Dschungel der Sinnangebote, sie trägt dazu bei, Konflikte aushalten und gestalten zu lernen und fördert den Respekt vor Menschen anderer Kultur, Rasse oder Hautfarbe.

Diese Bedeutung wurde auf dem Kongress „Berufliche Bildung mit religiöser Kompetenz" am 18.11.2004 in Frankfurt/St. Georgen von allen Beteiligten gewürdigt und unterstrichen. Vertreter aus Handwerk, Politik und Kirche kamen übereinstimmend zu der Überzeugung, dass der Religionsunterricht an beruflichen Schulen einen unersetzlichen Platz einnimmt und daher auch nicht in Frage gestellt werden darf.

Karl Kardinal Lehmann, Vorsitzender der deutschen Bischofkonferenz, markierte mit seinem Beitrag „Bausteine einer Theologie der Arbeit". Er legte damit ein theologisches Fundament für die Frage nach dem Zusammenhang von Gott, Leber und Beruf.

Manfred Leo Müller, selbst Handwerksmeister und Mitglied im Zentralverband des deutschen Handwerks, legte aus Sicht der Unternehmen und Betriebe die Bedeutung des Religionsunterrichts an beruflichen Schulen offen: Er bezeichnete es als Gewinn, dass im Religionsunterricht „die jungen Menschen Antworten auf Sinnfragen erhalten, die sich im Zuge des komplizierter gewordenen Alltags stellen". Neben der notwendigen fachlichen Kompetenz leistet der Religionsunterricht seiner Überzeugung nach einen wichtigen Beitrag im Gesamt der beruflichen Bildung.

Helmut Rau, Staatssekretär für Kultus, Jugend und Sport des Landes Baden-Württemberg, beschrieb in seinem Vortrag den Religionsunterricht als beziehungsorientiertes, berufsorientiertes und handlungsorientiertes Geschehen. Aus der Sicht der Politik bezeichnete er es als elementare Aufgabe des Religionsunterrichts an beruflichen Schulen, der Tendenz gegenzusteuern, dass „junge Menschen die Sinnerfahrungen ihres Lebens mit materiellen Werten oder vagen spirituellen Gruppen verbinden".

Klaus Kießling, Professor für Religionspädagogik an der Hochschule Frankfurt/St. Georgen, rundete mit der Darstellung seiner Ergebnisse einer zweijährigen empirischen Untersuchung bei Schülern und Lehrern an beruflichen Schulen die Ergebnisse des Kongresses ab und formulierte wichtige Desiderate für die Fortführung eines Dialogs zwischen Religionspädagogik und Berufsbildung.

In den Workshops am Nachmittag setzten sich die circa vierhundert Teilnehmerinnen und Teilnehmer des Kongresses mit zentralen, praxisbezogenen Fragen des Religionsunterrichts an beruflichen Schulen auseinander. Die Berichte über den Verlauf und die Ergebnisse der Workshops spiegeln wider, mit welchem Engagement Lehrerinnen und Lehrer, aber auch Verantwortliche an den verschiedensten Stellen, den Dialog zwischen Religionspädagogik, Unterrichtspraxis und beruflichen Handlungsfeldern führen.

0.0

Joachim Schmidt

Vorwort

Zahlreiche Rückmeldungen haben gezeigt, dass der Kongress „Berufliche Bildung mit religiöser Kompetenz" ein Beginn war, Gespräche auf verschiedensten Ebenen in Gang zu bringen und zu beleben – Gespräche, die unbedingt ihre Fortsetzung finden müssen.

Für die Durchführung des Kongresses und die Erstellung des vorliegenden Kongressbandes sind wir vielen Menschen zum Dank verpflichtet: Zum einen war der Erfolg des Kongresses eine Frucht der hervorragenden Zusammenarbeit der beiden religionspädagogischen Lehrstühle in Tübingen und Frankfurt/St. Georgen. Besonderer Dank gilt dabei Professor Dr. Albert Biesinger und Professor DDr. Klaus Kießling mit seiner Assistentin, Frau Viera Pirker. Ohne die konkrete Hilfe der wissenschaftlichen Hilfskräfte hätten die vielen anstehenden Arbeiten kaum bewältigt werden können. Besonders danken wir an dieser Stelle Frau Ulrike Stadel, Herrn Bodo Klehr und Frau Sabine Gautier. Zahlreiche schriftliche und organisatorische Arbeiten wurden in gewohnt sorgfältiger und hervorragender Weise erledigt von Frau Martina Fridrich und Frau Beate Lux. Ganz besonderer Dank gilt natürlich all den Mitwirkenden am Kongress selbst: den Workshopleiterinnen und –leitern, den Moderatorinnen und Moderatoren, sowie den vielen Helfern im Hintergrund, unter denen besonders Josef Jakobi sowie Michael und Kathrin Boenke zu danken ist.

„Berufliche Bildung mit religiöser Kompetenz" – dies ist ein Thema, das weit über den Kongress hinaus Bedeutung behalten wird. Die Anregungen und Hinweise, die in diesem Kongressband gegeben werden, sollen eine Anregung sein für weitere Gespräche: in den Schulen, mit den Betrieben und auf allen Ebenen der religionspädagogischen Diskussion.

Prof. Dr. Albert Biesinger
Begrüßungsrede

Verehrter lieber Kardinal Lehmann, lieber Herr Weihbischof Losinger, sehr geehrter Herr Rektor Engel, sehr geehrter Herr Staatssekretär Rau, sehr geehrter Herr Manfred Leo Müller! Liebe Kolleginnen und Kollegen aus den berufsbildenden Schulen, den Ministerien, den Universitäten und Hochschulen, den Ministerien und bischöflichen Schulabteilungen, liebe Musiker der Gruppe Dornbusch, liebe Studierende!

Eine 22-jährige Studentin weiß seit gestern, dass sie schwanger ist. In vier Gruppen bereiten Schülerinnen und Schüler ein Rollenspiel vor. Zwei Gruppen bereiten ein Rollenspiel vor, wie sie das ihren Eltern sagt, zwei Gruppen, wie sie es ihrem Freund sagt!
Die Schülerinnen und Schüler der Klasse 11 eines berufsbildenden Gymnasiums in Tübingen, bei denen ich zum Thema Abtreibung im vergangenen Juni im Religionsunterricht eine Doppelstunde gehalten habe, diskutieren sehr konzentriert. Nachdem sie ihr Rollenspiel präsentiert haben, werten wir die ethischen Argumentationen aus, die in diesem Gespräch zwischen der schwangeren Studentin und ihrem Freund und ihren Eltern deutlich wurden. Ich leite die Schülerinnen und Schüler an, eigenständig christliche Interpretationen zum Thema Abtreibung zu formulieren und in den Diskurs einzubringen.
Die Schülerinnen und Schüler waren hoch motiviert, sich mit diesem Thema kompetent auseinander zu setzen.
Für mich haben diese zwei Stunden erneut belegt, dass der Religionsunterricht im berufsbildenden Bereich unverzichtbar ist und bei Schülerinnen und Schülern hohe Resonanz hat.

Dass wir uns heute auf das Thema „Berufliche Bildung mit religiöser Kompetenz" einlassen, resultiert aus den klaren Optionen unseres „Instituts für berufsorientierte Religionspädagogik", das seit zweieinhalb Jahren an der Universität Tübingen arbeitet.
Wir haben in einem ersten Durchgang durch die empirischen und hermeneutischen Forschungen von Klaus Kießling, der jetzt hier an der Jesuitenhochschule Professor ist, die Ausgangslage, die Hindernisse, aber auch die nötige Förder-

ung von Schülerinnen und Schülern, Religionslehrerinnen und Religionslehrern an berufsbildenden Schulen zwischen Bautzen und Freiburg, zwischen München und Osnabrück erhoben. Die Ergebnisse können Sie in der, in erster Auflage bereits vergriffenen, Habilitationsschrift von Klaus Kießling wahrnehmen. Die weitere Auflage ist gestern gerade noch rechtzeitig eingetroffen.

Ich halte dieses Buch für eine Pflichtlektüre für Menschen, die mit religiöser Bildung in berufsbildenden Schulen tätig sind, weil es voller Belege und Zeugnisse aus diesen Schulen ist.

Der heutige Tag ist das absolute Highlight unserer bisherigen Arbeit. Dass Sie, lieber Kardinal Lehmann zugesagt haben, gemeinsam diesen Tag inhaltlich zu konturieren, ist für uns ein Grund zu großer Dankbarkeit.

Sie sind „Engel für den Religionsunterricht" in Deutschland. Sie haben bereits als Professor für Dogmatik in Freiburg Fortbildungen für Religionslehrerinnen und Religionslehrer quer durch die Bundesrepublik mitgestaltet. Sie haben durch die Gründung dieses Institutes ein klares Zeichen für die Bedeutung des Religionsunterrichtes an berufsbildenden Schulen von Seiten der Bischofskonferenz gesetzt.

Dass das Institut im Rahmen der Ausschreibung durch die Bischofskonferenz dann in Tübingen angesiedelt werden konnte, hängt ganz entscheidend mit Frau Ministerin Dr. Schavan zusammen. Dass sie heute nicht da sein kann, hängt mit der Basisdemokratie in Baden-Württemberg zusammen. Herr Staatssekretär Rau wird sie würdig vertreten. Ich danke Ihnen sehr, dass Sie gekommen sind. Ich erinnere mich noch bestens, wie sie gemeinsam mit Ihnen, Herr Ministerialdirigent Lorenz und einem Mitarbeiter in einer Parlamentspause im Landtag in Stuttgart mit mir die Konzeption durchgesprochen und dann entschieden hat, eine Religionslehrerin oder einen Religionslehrer auf 5 Jahre an dieses Institut abzuordnen. Herr Michael Boenke vom Berufsbildungszentrum in Bad Saulgau konnte so mit voller Kraft innovative Lehr- und Lernmaterialien zu den Themen des von der deutschen Bischofskonferenz genehmigten Grundlagenplanes für berufsbildende Schulen entwickeln. Wir sind mit der Realisierung der Publikation des ersten Bandes einen wesentlichen Schritt weitergekommen. Er wird vom Köse Verlag 2005 als Klassensatz mit DVD den Schulen als Paket angeboten. Genaueres wird Frau Lueg als Lektorin des Kösel Verlages im Laufe des Tages noch dazu sagen.

Der Rektor der Universität Tübingen hat durch die Zuweisung einer geprüften wissenschaftlichen Hilfskraft auf 5 Jahre mitgewirkt, und die Diözese Rottenburg Stuttgart durch die Gründung einer Stiftung und deren Ausstattung mit 200 000 Euro einen wesentlichen Beitrag zur Stabilisierung dieses Institutes geleistet.

1.0

Auch dafür ist ein herzlicher Dank zu sagen. Der Diözese Münster ist es zu verdanken, dass Josef Jakobi – ein ganz besonderer Wegbegleiter des Religionsunterrichts an berufsbildenden Schulen – mitarbeitet.

Religiosität muss alltagstauglich sein. Die Gottesbeziehung ist nicht hinter den Wolken, sondern in den alltäglichen Kommunikationszusammenhängen. Es gibt eine Würde für den Menschen in seiner Arbeit. Und es ist ihm von Gott aufgegeben, sich in dieser materiellen Welt zur Schaffung von Produkten zum Überleben und zur Kommunikation einzusetzen und sich darin auch zu bewähren.

Wir sind bereits in der Gottesbeziehung. In der Umfassungserfahrung von Gott her.

Wir sind innovativ mit diesem Thema, weil für die Schulentwicklung und die weiteren Orientierungen in der Berufsbildung die Frage nach den nötigen Kompetenzen hoch bedeutsam ist. Die Frage, ob es sich eine Gesellschaft leisten kann, ihre Jugendlichen in der Berufsbildung ohne religiöse Kompetenzen aufwachsen zu lassen, ist für uns mit einem entschiedenen Nein bereits beantwortet. Umso wichtiger ist, dass wir heute Sie Herrn Manfred Leo Müller, vom Präsidium des deutschen Handwerks hiermit begrüßen können. Dass Präsident Dieter Philipp absagen musste, bedauern wir. Wir haben aber in der Zwischenzeit erfahren, dass Sie Ehrenpräsident sind und von ihrer Biografie her einen inneren Zugang zu dieser Thematik haben. Wir begrüßen Sie ausdrücklich und ganz herzlich.

Ich freue mich auf einen spannenden Vormittag mit Ihnen und hoffe, dass dieser Tag heute ausstrahlt in die Motivation und auch die Begeisterung für den Religionsunterricht an berufsbildenden Schulen in der Zukunft unseres Landes.

Weihbischof Dr. Dr. Anton Losinger
Begrüßungsrede

„Wir sind die Schüler von heute, die in Schulen von gestern, von Lehrern von vorgestern, mit Methoden des Mittelalters auf die Probleme von übermorgen vorbereitet werden." So verabschiedete sich unlängst eine Berliner Abiturklasse in ihrer Abiturzeitschrift von der Schule ins Leben. Eine herbe Kritik am Bildungssystem, ob berechtigt oder nicht. Junge Menschen nehmen sich heute schlicht und einfach diese Freiheit. Deutlich leuchtet hier die Sorge junger Menschen auf, für das Leben in der Gesellschaft von morgen, die ihrer inneren Gestalt nach eine globale Wissensgesellschaft von einem ganz neuen Zuschnitt sein wird, nicht gut genug vorbereitet zu sein.

Das der Bundesagentur für Arbeit in Nürnberg angegliederte Institut für Arbeitsmarkt und Berufsforschung hat immer wieder deutlich gemacht, dass es eine proportionale Kurve gibt, zwischen dem Bildungsstand eines jungen Menschen und seinen Chancen im Arbeitsmarkt. Niemand bestreitet das heute mit einem ernsthaften Anspruch. Aber über die sachliche Ebene hinaus, geht es uns heute auch um eine Problemanzeige im Sektor Bildung und Erziehung, die ebenfalls weit über die berühmte PISA-Studie hinausgeht. Das Ganze dieser Frage konzentriert sich auf die geistigen Fundamente des Zusammenlebens unserer Gesellschaft.

Eine aufschlussreiche Facette dazu zeigt in meinen Augen die Erklärung der amerikanischen Schulbehörde, die damals im Anschluss an die spektakulären Gewalttaten an der Columbine High-School von Littleton im Bundesstaat Colorado veröffentlicht wurde. Zwei Schüler töteten damals, am 20. April 1999, zwölf Mitschüler und einen Lehrer, anschließend sich selbst. Bei der Analyse dieser chaotischen Schulsituation stellte damals die amerikanische Schulbehörde fest: Ursache der Misere sind nicht die Waffen, Ursache ist der weitgehende Zusammenbruch einer gesunden Familienstruktur in den Ballungsgebieten der USA und damit zusammenhängend die Tatsache, dass es uns über Jahre hinweg nicht mehr gelungen ist, mit unseren Ideen, Gesetzen und Wertvorstellungen die Köpfe junger Menschen zu erreichen.

Es geht also bei unseren Überlegungen, die wir uns heute an diesem Kongress-
tag machen wollen, um wesentlich mehr als nur um ordnungspolitische Maß-
nahmen oder um rein technische Verbesserungen des Systems. Vielmehr,
meine ich, steht unser menschliches Miteinander und der Geist unserer Gesellschaft zur Debatte. Dazu gerne eine Stimme aus Augsburg: Sie stammt von
Walter Roller, dem Chefredakteur der Augsburger Allgemeinen. Er nennt im Anschluss an das Attentat von Erfurt drei wesentliche Ansatzpunkte in seiner Analyse der gegenwärtigen Bildungsdebatte, an denen von uns allen weiterzuden-
ken wäre. Ich zitiere:

1. „Es gibt ein Defizit an Erziehung. Viele Jugendliche sind mit sich und ihren
Sorgen allein. Der Staat kann nicht wettmachen, was Eltern versäumen. Jugendliche brauchen Orientierung und Halt.

2. Eine Gesellschaft, in der jeder nur seinen Vorteil sucht und zunehmend für
sich selbst lebt, büßt ihre inneren sozialen Bindungskräfte ein. Man sieht gerne
weg. Gefährdete Jugendliche driften ab, weil sich niemand, auch der Staat nicht,
hinreichend um sie kümmern kann. Und schließlich

3. Gefestigten Menschen mag der Dauerkonsum von gewaltverherrlichenden
TV- und Kinofilmen, von Videos und Computerspielen nichts anzuhaben. Bei labi-
len, zur Nachahmung neigenden Jugendlichen, können diese Gewaltorgien unge-
heure Aggressionen und Allmachtsfantasien auslösen. Hier muss eingegriffen
werden."

Und ich erlaube mir doch, Sie noch einmal darauf hinzuweisen, das stammt von
einem kritischen Journalisten und nicht von einem kirchensteuerrefinanzierten
Weihbischof: Junge Menschen, meine sehr verehrten Damen und Herren, ver-
ehrte Lehrerinnen und Lehrer, sind unsere Zukunft. Sie sind die Zukunft jeder
Gesellschaft.

Gleichzeitig ist eine solide Bildung und Erziehung gerade auch am Beginn des so
viel beschworenen Strukturwandels unserer Epoche hin zu einer dynamischen
modernen Wissensgesellschaft eine wesentliche Voraussetzung für das Gelingen der Lebensperspektiven junger Menschen. Das Bildungskonzept, das wir zukünftig brauchen und für das wir uns heute bereits einsetzen, soll ein Menschenbild prägen. Es geht uns um Wertmaßstäbe, die grundlegend Maß nehmen an
der Überzeugung von der unveräußerlichen Würde jedes einzelnen Menschen so
wie es in der UNO-Charta und in allen prominenten Verfassungen Europas steht.
Und es geht uns über die reine Vermittlung von Kulturtechnik hinaus, um geisti-

gen Halt und um Orientierung für junge Menschen. Es geht um ethische Verantwortung im persönlichen Leben, in der Gesellschaft allein etwa um die Frage: was ist wahr, was ist falsch, was ist gut, was ist schlecht. Und es geht uns letztendlich wohl allen gemeinsam um die Antwort auf die entscheidendste aller existentiellen Fragen des menschlichen Lebens, nämlich was ist der Sinn des menschlichen Lebens.

Ich möchte Sie heute gerne grüßen namens und im Auftrag des Vorsitzenden der Kommission VII für Schule und Erziehung der deutschen Bischofskonferenz, Weihbischof Engelbert Siebler, der heute bei der bayerischen Bischofskonferenz in München zu sein hat. Ich wünsche unserem Kongress von Herzen gute Ideen, gute Einfälle, Gottes Segen und möchte ihnen vielleicht zum Schluss, wenn Sie es erlauben, sozusagen noch ein kleines Sprichwort aus eigenen Beständen da lassen, von dem ich meine, dass es gut auch zur geistigen Haltung eines solchen Berufsstandes und eines solchen Kongresses passt.

Was ist der Unterschied zwischen einem Pessimisten und einem Optimisten? Der Pessimist sieht in jeder Aufgabe ein Problem, der Optimist in jedem Problem eine Aufgabe. „Glück auf" für Sie und diesen Kongress.

2.0

Karl Kardinal Lehmann
Der Mensch im Mittelpunkt
des Arbeitsprozesses.
Perspektiven einer Theologie der Arbeit

I.

[1] Grundlegend dazu
Müller 1993;
Negt 2002;
Arendt 1960;
Kwant 1968.
Vgl. auch Anm. 2 und 3.
Vgl. auch Riedel 1973,
S. 125 – 141;
Jonas 1960.

Über die Arbeit zu reden ist aus vielen Gründen nicht einfach.[1] Dies hängt nicht nur damit zusammen, dass das Phänomen vielgestaltig und wandelbar ist. Es ist auch nicht leicht, sie in angemessener Weise wahrzunehmen. Die einfachsten und alltäglichsten Dinge sind vielleicht für uns Menschen am schwersten zu begreifen. Sie sind uns so nahe, im Umgang so vertraut und selbstverständlich geworden, dass ihre Gegenwart und der Umgang mit ihnen beinahe banal erscheinen mögen. Dies gilt für das Essen und Trinken, das Gehen und Stehen, das Sitzen und Sprechen. Sofern alle diese alltäglichen Dinge einem bestimmten Zweck dienen, um z.B. für einen Besuch Entfernungen zu überbrücken, mag dies ganz richtig sein. Die Dinge gehen auf in ihrer Sinnbestimmung. Sie ziehen sich gewissermaßen zurück in ihren reinen Dienstcharakter.

Von da aus ist es schwierig, über solche einfachen Dinge unseres Lebens zu sprechen. Wenn man sie aus ihrem Lebens- und Funktionszusammenhang herausnimmt, analysiert und objektiviert, dann scheinen sie uns oft nicht mehr das zu sein, was sie in ihrem alltäglichen Leben sind. Es kommt uns dann rasch merkwürdig vor, wie der Mediziner vom Gehen des Menschen und der Ernährungswissenschaftler vom Essen sprechen. Wenn man die Dinge ihrem alltäglichen Versunkensein entreißen will, übersteigert man leicht. Man hebt sie – vielleicht noch gestützt durch hohe Begriffe – in einen Ideenhimmel hinein und verkennt darin gerade das Phänomen. Sie scheinen dann die Nüchternheit und Mühsal, Erdenschwere und Last allzu schnell zu verlieren, die täglich mit ihnen verbunden sind. Für den Philosophen und Theologen ist dies, wie die Geschichte zeigt, immer eine besonders große Gefahr.

Es gibt wohl hauptsächlich zwei Erfahrungsweisen, die uns jedoch aus der Selbstverständlichkeit unseres alltäglichen Tuns herausreißen und in gewisser Weise die Fragen geradezu aufnötigen, die uns in der Routine des Betriebs fast verboten sind: Was ist das? Warum? Wozu? Die eine Erfahrung ist der Mangel. Wenn wir etwas Vertrautes entbehren müssen, das zu unserem Leben gehört, geht uns oft erst seine Bedeutung auf. Am meisten verspüren wir dies, wenn wir krank sind. Was ist es plötzlich für ein Geschenk, ohne Schmerzen, frei und aufrecht gehen zu können, jeden Tag sich am Morgen vom Bett erheben zu dürfen - nicht zum Liegen verurteilt zu sein? Wie kostbar wird auch nur ein Schluck Wasser, wenn wir lange Durst hatten? Der Mangel und der Verzicht bringen uns oft erst wieder nahe, wie kostbar die Dinge unseres Lebens sind. Eine andere Weise ursprünglicher Erfahrung ist das, was wir hier tun. Wir unterbrechen einmal den Gang und Trott unseres alltäglichen Tuns. Wir treten einen Schritt zurück vor dem, was uns bestimmt. Wir besinnen uns und denken nach. So sind wir nicht mehr benommen und gefangen von dem, was uns z.B. beim Arbeiten ganz einnimmt und unsere Aufmerksamkeit beansprucht, sondern werden im Nachdenken frei. Die Besinnung und das Fest sind eine andere Weise der Erfahrung der ursprünglichen Bedeutung unseres Lebens.

Im Rahmen dieser Jahresreihe wollen wir eine kurze Besinnung über die Arbeit anstellen. Dies kann man auf sehr viele Weisen tun. Ich denke an den Betriebswissenschaftler, den Historiker, den Soziologen. Von mir erwarten Sie, dass ich bei meinem Handwerk bleibe, das ich gelernt habe und ausübe, nämlich der Rede über die Wirklichkeit unseres Lebens im Lichte Gottes, der Theologie. Dies ist selbstverständlich nicht möglich, ohne dass Elemente einer Aufklärung des Menschen über sich selbst, mit seinen eigenen Mitteln von Vernunft und Verstand im Spiel sind, also dem menschlichen Denken, der Philosophie.

Ich kann hier voraussetzen, wie sehr sich die Gestalt der Arbeit geschichtlich immer wieder verändert hat. Die Mühsal der körperlichen Schwerstarbeit ist etwas anderes als die Arbeit des erfinderischen Ingenieurs, obgleich beides mit Recht unter demselben Stichwort steht. Wer eine mechanische Arbeit mit den immer selben gleichen Bewegungen tut, unterscheidet sich handgreiflich von einem je einmal gestaltenden Künstler. Die Arbeitsteilung, der mechanisch normierte Arbeitsrhythmus und die lückenlose Kontrolle sowie das komplexe System der Dienstleistungen haben den Arbeitsbegriff, mindestens für den einzelnen, ziemlich verändert. Die Möglichkeit der Befriedigung und der Selbstverwirklichung wird immer schwieriger. In unserer Zeit verändert sich Arbeit nicht nur ungeheuer durch weiterschreitende Rationalisierung und Mikroelektronik, sondern auch durch eine neue Einstellung zur Arbeitsqualität. Der Mensch verlangt wiederum mehr interessante Arbeit, Erfüllung am Arbeitsplatz, Mitbestimmung in Form der Selbstbestimmung, gute Beziehungen zu Kollegen und Vorgesetzten, keine Gefährdung der Gesundheit, Sinngehalt und Nutzen der Arbeit für die Gemeinschaft. Wir müssen - wie gesagt - von dieser geschichtlichen Vielfalt der Erscheinungsformen von Arbeit im Einzelnen absehen, wollen aber die Tatsache selbst nicht aus dem Auge verlieren.

Karl Kardinal Lehmann

Der Mensch im Mittelpunkt des Arbeitsprozesses. Perspektiven einer Theologie der Arbeit

2.0

Blicken wir zuerst ein bisschen auf unser Wort Arbeit. Obwohl „Arbeit" eine Grundbedingung menschlichen Lebens und in gewisser Weise Voraussetzung und Grund aller menschlichen Hervorbringungen darstellt, wie Sprache, Wissenschaft, Gesellschaft, Kunst und Kultur, haben die zahlreichen Versuche, zu einer einsichtigen begrifflichen Gliederung zu gelangen, wenig Klarheit gebracht. Wir wollen darum von der so genannten natürlichen, alltäglichen Sprache her das Bedeutungsfeld des Wortes gleichsam in einem ersten Zugriff aufschließen. In fast allen europäischen Kultursprachen hat „Arbeit" zwei oder mehrere Bezeichnungen. In der deutschen Sprache erkennen wir einen Unterschied zwischen „arbeiten" und „werken" bzw. „schaffen". So ist es in den alten und den neuen Sprachen, im Griechischen und Lateinischen, im Französischen und Englischen. Diesen beiden Dimensionen lassen sich zwei Grundbedeutungen zuordnen: Arbeit ist „Mühe, Qual, Last, Not". Dies ist zunächst eine negative Bedeutung. „Arbeit" geht auf das germanische „arba" zurück, was Knecht sein heißt. In dieser Bedeutung schwingt alles mit, was den Menschen bei der Arbeit von innen und außen bestimmt: das Auszehrende, das Fordernde, das Auslaugende. Man arbeitet sich im Lauf der Jahre ab. Jemand arbeitet sich zu Tode. Hier kommt mehr der passive Aspekt der Arbeit, ja das menschliche Leiden zum Vorschein. Die andere Dimension richtet sich mehr auf ein positives Element und besagt Leistung, Werk. Hier steht weniger das manuelle Sich-Plagen mit Zwang und Mühsal im Vordergrund, sondern eine bejahte und gesuchte Anstrengung um eines Zieles willen. Dies ist mehr ein aktiver Aspekt, der die Freiheit, Zielrichtung und den Sinngehalt unserer Arbeit zur Sprache bringt. In der Nähe dieser Bestimmung steht auch Arbeit als Tätigkeit zur Sicherung des Lebensunterhaltes und zur Verbesserung der Lebensbedingungen.

Arbeit ist jedenfalls weder „reines" noch schlechthin „freies" Handeln, sondern es ist abhängig von der Natur und der natürlichen Bedürftigkeit des Menschen, von geschichtlich gewordenen Herrschafts- und Gesellschaftsverhältnissen. Arbeit ist also immer schon eine Vermittlung zwischen Mensch und Natur, ein gesellschaftlich-geschichtlich bedingtes Handeln. Für uns ist die Not und Beschwerde der Arbeit im körperlichen Sinne oft in den Hintergrund getreten, dennoch bleibt der Aspekt der Arbeit bestehen, dass sie Abhängigkeiten vielfacher Art schafft. Durch planvolle Aneignung, Indienstnahme und Aufbereitung der Natur, durch „Produktion" von Werkzeugen, von Gebrauchs- und Verbrauchsgütern unterscheidet sich der Mensch im Vorgang der Arbeit vom Tier. Dabei ist die Bearbeitung der Natur, vor allem von Grund und Boden, sowie der Naturdinge nach dem Modell handwerklicher Tätigkeit ein Grundmuster, nach dem wir bis heute die Arbeit verstehen. Das arbeitende Subjekt formiert einen Stoff. Freilich erschöpft sich Arbeit nicht im Herstellen und im instrumentellen Handeln, wie schon ein Blick auf Tätigkeiten wie Sammeln und Jagen, aber auch auf die Dienstleistungen zeigt.

Arbeit ist schließlich nicht nur unser Tun und die gestaltende Tätigkeit, vielmehr wird auch das Resultat unseres Einsatzes, die Frucht unserer Tätigkeit „Arbeit", „Werk" genannt. Wenn die Arbeit gelungen ist, erscheint sie fast selbständig und von uns getrennt als „Werk".
Man kann leicht das Hohe Lied der Arbeit singen. In diesem Sinne wird sie verstanden als Ausdruck einer besonderen Berufung des Menschen. Arbeit wird aber auch missbraucht zur Flucht vor den Nöten und Fragen des menschlichen Daseins. Aber beides erfüllt eigentlich nicht ihren wirklichen Begriff.
Die philosophische und theologische Betrachtung der Arbeit verfällt leicht in diese romantische Seligpreisung oder in das moralisierende Warnen, Arbeit ja nicht zu einem Betäubungsmittel zu machen. Aber Arbeit als **Arbeit**, so wie sie dem Menschen alltäglich begegnet, ist dann immer noch nicht in den Blick gekommen, und der arbeitende Mensch hat dann mit Recht den Eindruck, wir redeten von etwas anderem als seinem Tun.

Mein Lehrer Karl Rahner hat in einem kurzen, fast meditationsartigen Versuch Arbeit zu erschließen sich bemüht. So heißt es in einer kleinen Schrift „Alltägliche Dinge":[2] „Sie ist einfach - Arbeit: mühsam und doch erträglich, durchschnittlich und gewohnt, sich gleichmäßig wiederholend, in einem das Leben erhaltend und es langsam abnützend, unvermeidlich und (wo sie nicht zu bitterer Fron verdirbt) nüchtern freundlich. Sie kann uns nie ganz 'liegen'; selbst wo sie als die Durchführung der höchsten Impulse des Menschen beginnt, wird sie auch unvermeidlich Trott, graue Mühseligkeit der Wiederholung des gleichen, Behauptung gegenüber dem Unvorhergesehenen und der Last dessen, was der Mensch nicht von innen tut, sondern von außen, vom Fremden her erleidet. Und immer ist die Arbeit auch ein Sicheinfügenmüssen in die Verfügung der anderen, in den Rhythmus, der vorgegeben ist, ein Beitrag zu einem gemeinsamen Ziel, das keiner von uns allein sich ausgesucht hat, also Gehorsam und Verzicht in das Allgemeine hinein. – Das erste somit, was eine Theologie der Arbeit zu sagen hat, ist gerade, dass Arbeit – Arbeit bleibt und bleiben wird: das mühsam Gleichförmige, das Entsagung seiner selbst Fordernde, das Alltägliche. Die Arbeit mag immer mehr sich anreichern mit Elementen schöpferischer Tat, sie bleibt im Menschen an eine biologische Grundlage gebunden, die das Ende im Tod sucht, sie bleibt immer in Wechselwirkung mit einer nie restlos verfügbaren Außenwelt, sie wird also – Arbeit bleiben."

[2] Rahner 1974, S. 10f.

Karl Kardinal Lehmann

Der Mensch im Mittelpunkt des Arbeitsprozesses. Perspektiven einer Theologie der Arbeit

2.0

II.

Die Gestalt der Arbeit hat sich ungeheuer verändert.[3] Die heutige Situation beschreibt W. Conze folgendermaßen: Arbeit ist „im weitumfassenden Sinne zweckgerichteter, dem arbeitsteiligen System eingefügter und ihr in mannigfaltigster Weise nützlicher Tätigkeit allgemein als konstitutives Prinzip für die moderne demokratische Gesellschaft, die bezeichnenderweise neuerdings häufig als 'Leistungsgesellschaft' bezeichnet wird, anerkannt. Der Arbeitsbegriff ist heute durch den allgemein gültigen oder als gültig geforderten Grundsatz der sozialen Gleichheit sowie der technisch-ökonomischen Effizienz bestimmt. Infolgedessen sind ... alle dargestellten sozialen Eingrenzungen und Unterscheidungen (Arbeit nur Handarbeit oder Arbeit nur 'produktive' Arbeit im Sinne von Smith usw.) gegenstandslos geworden. Bei zunehmender Differenzierung und Spezialisierung der Tätigkeiten und Berufe ist der Arbeitsbegriff immer mehr einer Vereinheitlichung, Erweiterung und Versachlichung unterworfen worden. Damit ist seine allgemein verbindliche Bedeutung gewachsen."[4]

In diesem Sinne ist die Industriegesellschaft eine Arbeitsgesellschaft. Der hohe Stellenwert der Erwerbsarbeit unterscheidet unsere moderne Gesellschaft von allen vergangenen Gesellschaftsformen. Zwar haben Menschen zu allen Zeiten gearbeitet und man kann mit guten Gründen Arbeit zu den anthropologischen Konstanten zählen. Doch erst in der Industriegesellschaft wird aus der oft bitteren Notwendigkeit der Arbeit ein zentraler Bezugspunkt des persönlichen und gesellschaftlichen Lebens. Die Bedeutung der Erwerbsarbeit wird nirgends deutlicher als in Situationen, in denen zwei Unbekannte sich begegnen und fragen: „Was sind Sie?". Die beiden werden weder ihr Hobby nennen noch auf ihre Konfessionszugehörigkeit oder etwa auf ihr Engagement in einer politischen Partei oder Initiative hinweisen. Sie werden vielmehr ganz selbstverständlich mit der Angabe ihres Berufs und vielleicht noch ihrer Arbeitsstelle antworten. Man ist pharmazeutischer Assistent bei Hoechst, Bankkauffrau bei der Sparkasse oder Lehrer an einer Berufsschule. Wenn wir den Beruf unseres Gegenübers kennen, glauben wir, ihn oder sie zu kennen. Die Berufsangabe enthält auch gewöhnlich tatsächlich Hinweise auf das Einkommen, den sozialen Status, die Ausbildung, das soziale Milieu, in dem jemand lebt, und lässt gewisse Rückschlüsse auf seine Interessen und Vorlieben zu. Arbeit und Beruf sind mehr als zeitlich befristete Tätigkeiten zum Erwerb des Lebensunterhaltes. Sie sind zu Persönlichkeitsmerkmalen geworden.

III.

In systematischer Perspektive können wir **drei Dimensionen der Erwerbsarbeit** in der Industriegesellschaft unterscheiden. Zunächst dient die Arbeit wie eh und je

---

[3] Vgl. ausführlich Kocka 2000; Schubert 1986; Rifkin 1995; Grassi 1994; Herrhausen 1994; Gorz 2000; Ruppert 1986; Rauscher 2002; Hank 1995.

[4] Conze 1972, S. 154 - 215, Zitat: S.215;

Chenu 1971, Sp. 480 - 487

(vgl. auch Conze 1971, Sp. 487 - 489; Klage 1971, Sp. 490 - 491 und Landwehrmann 1971, Sp. 489 - 490).

Vgl. Chenu 1962, S. 75 - 86;

Chenu 1967, S. 306 - 318.

der materiellen Sicherung. Arbeit schafft gesellschaftlichen Reichtum, der nach bestimmten Regeln verteilt wird. An erster Stelle steht hier natürlich der Lohn, sodarn aber auch Kapitalerträge, staatliche Leistungen und anderes mehr. Der Wohlstand des Einzelnen, wie der Gesellschaft als ganzer, beruht auf durch Arbeit erwirtschafteten Werten. Hier stellen sich natürlich sozialethische Fragen wie die nach dem gerechten Lohn und nach der gerechten Verteilung der gesellschaftichen Güter. Darauf haben die Päpste in ihren Sozialenzykliken nachdrücklich aufmerksam gemacht.[5]

Sodann dient Erwerbsarbeit in der Industriegesellschaft der **sozialen Integration**. Arbeit ist ein wichtiges Bindeglied zwischen dem Einzelnen und der Gesellschaft. Diese Integrationsfunktion der Arbeit zeigt sich auf unterschiedlichen Ebenen. Arbeit eröffnet den Zugang zu den sozialen Sicherungssystemen. Renten-, Kranken- und Arbeitslosenversicherung werden über die Arbeitserträge finanziert. Die sozialen Sicherungssysteme tragen mehr zur Integration einer Gesellschaft bei, als uns oft bewusst ist. Das wird vor allem dann deutlich, wenn diese Systeme wie gegenwärtig in die Krise geraten und neu justiert werden müssen. Viele fürchten – ob zu Recht oder Unrecht, sei dahingestellt – nicht nur die finanziellen Nachteile infolge eines Umbaus des Sozialstaates, sondern auch eine Schwächung der gesellschaftlichen Solidarität und damit des sozialen Zusammenhalts. Die Integrationsfunktion der Erwerbsarbeit hat auch moralische Implikationen. Die erfolgreiche Bewältigung einer Arbeit erfordert neben technischen Kenntnissen und Fähigkeiten auch eine Reihe grundlegender Tugenden wie etwa Verlässlichkeit, Verantwortungsbereitschaft, Ehrlichkeit, Ausdauer, Fleiß, Respekt vor Anderen und Solidarität mit Kolleginnen und Kollegen. Diese Tugenden klingen wie Selbstverständlichkeiten, in der Praxis sind sie es oft nicht. Gerade Berufsschullehrerinnen und Berufsschullehrer wissen, dass die berufliche Integration eines Teils der Jugendlichen weniger wegen fehlender fachlicher Kenntnisse als wegen menschlicher Defizite fehlschlägt. Wer in der Arbeitswelt nicht Fuß fassen kann, läuft oft Gefahr, im Leben überhaupt nicht zurecht zu kommen.

In der Erwerbsarbeit erfährt der Mensch **soziale Anerkennung** für seine Leistung. Diese Anerkennung wird auf vielfältige Weise ausgesprochen, unter anderem durch den Arbeitslohn. Der Lohn ist auch Ausdruck der gesellschaftlichen Wertschätzung einer Arbeit. Die Kehrseite ist, dass nicht oder nur schlecht entlohnte Arbeit mit einem entsprechend geringen Sozialprestige verbunden ist. Hausarbeit, Erziehungsarbeit in der Familie, die Betreuung kranker oder behinderter Menschen in der Familie oder der Nachbarschaft oder ehrenamtliches Engagement gelten wenig, obwohl sie ganz entscheidend zum sozialen Zusam-

[5] Vgl. Rerum novarum, Nr. 8, 27, 34f.;

Quadragesimo anno Nr. 57f 71 – 75;

Mater et magistra, Nr. 68 – 71, 112;

Laborem exercens, Nr. 19. Vgl. dazu Knorn 1996;

Zu Dokumenten der Religionen vgl. Wolf 1989; Klöcker 1985; Roos 1984, S. 97 – 115; Juros 1984, S. 116 – 123; Anzenbacher 1984, S. 124 – 134; Gaugler 1984, S. 135 – 144; Greiner, Franz 1984, S. 161 – 166; Arbeit 1984, S. 145 –161.

Karl Kardinal Lehmann

Der Mensch im Mittelpunkt des Arbeitsprozesses. Perspektiven einer Theologie der Arbeit

2.0

menhalt, zur Lebensqualität und damit indirekt auch zum Wohlstand einer Gesellschaft beitragen. Soziale Anerkennung und materielle Vergütung sind wichtige Komponenten des sozialen Status, den eine Person in einer Gesellschaft einnimmt. Sie entscheiden über Art und Umfang des Konsums sowie über die Teilnahme am kulturellen Leben einer Gesellschaft.

Schließlich trägt – eng verknüpft mit sozialer Anerkennung und sozialem Status – Erwerbsarbeit entscheidend zur **Identitätsbildung und Identitätssicherung** des Einzelnen bei. Arbeit ist ein Medium der Selbstfindung und Selbstverwirklichung. Diese personale Dimension der Arbeit tritt in der Berufswahl der Jugendlichen und jungen Erwachsenen besonders deutlich hervor. Neben dem materiellen Aspekt, also dem zu erwartenden Einkommen, spielen bei der Berufswahl auch Fragen eine zentrale Rolle wie: „Welcher Beruf passt zu mir?", „In welchem Beruf kann ich meine Fähigkeiten und Interessen am besten verwirklichen?" oder „Mit welchem Beruf kann ich mich identifizieren?" Die Schulen, die Berufsinformationszentren der Bundesagentur für Arbeit und die Industrie- und Handwerkskammern haben deshalb ein umfangreiches Informations- und Beratungssystem geschaffen, um Jugendliche und junge Erwachsene bei der Suche nach dem für sie geeigneten Beruf zu unterstützen. Schließlich weist auch der Begriff der „beruflichen Bildung" darauf hin, dass das Erlernen eines Berufes persönlichkeitsbildend ist oder doch sein sollte. Die konkrete Erfahrung, die Welt, in der man lebt, zumindest ein Stück weit aktiv mitgestalten zu können, und die soziale und materielle Wertschätzung, die man für seine Leistung erfährt, wirken sich zweifellos positiv auf die Selbstbejahung und Identitätsfindung gerade der Jugendlichen und jungen Erwachsenen aus.

[6] Dazu Kerber 1984; Giarini 1998; Papmehl 1995; Schart 1988; Schlaffke 1996.

Wer sich die materielle, soziale und personale Dimension der Erwerbsarbeit in der Industriegesellschaft vor Augen hält, wird unschwer begreifen, dass **Arbeitslosigkeit**[6] mehr als ein volkswirtschaftliches Problem ist. Wenn die soziale Integration wesentlich durch Erwerbsarbeit geschieht, dann drohen einem Arbeitslosen und seinen Familienangehörigen nicht nur materielle Einbußen und ein sozialer Statusverlust, sondern – vor allem bei langfristiger Arbeitslosigkeit – auch soziale Ausgrenzung. Zudem kann Arbeitslosigkeit das Selbstbild und Selbstwertgefühl des Einzelnen nachhaltig erschüttern. Dies gilt insbesondere für Jugendliche, die oftmals trotz intensiver Bemühungen keine Lehrstelle finden. Diese Jugendlichen, die in nicht seltenen Fällen in schwierigen familiären und sozialen Verhältnissen leben, müssen in einer für ihre Persönlichkeitsentwicklung sensiblen Phase die Erfahrung machen, nicht gebraucht zu werden. Denn in einer Gesellschaft, in der der Wert eines Menschen von seiner Stellung im Berufsleben abhängt, muss derjenige, der keine Arbeit hat oder nicht arbeiten kann, sich wertlos fühlen. Die päpstlichen Sozialenzykliken haben deshalb von Anfang an den individuellen und den sozialen Charakter der Arbeit hervorgehoben,[7] nachdrücklich auf die wirtschaftlichen, sozialen und moralischen Folgen der Arbeitslosigkeit aufmerksam gemacht[8] und das Recht jedes Menschen, besonders auch der Ausgeschlossenen, auf Teilnahme am Leben der Gesellschaft in allen Dimensionen und auf allen Ebenen verteidigt.[9] Dieses Recht haben auch die deutschen Bischöfe im Gemeinsamen Sozialwort mit der EKD **Für eine Zukunft in Solidarität und Gerechtigkeit** und in der Kommissionserklärung **Das Soziale neu denken** nachdrücklich hervorgehoben.[10]

In ihrem Gemeinsamen Sozialwort haben die deutschen Bischöfe und die EKD an „**das Menschenrecht auf Arbeit**" als „unmittelbarer Ausdruck der Menschenwürde" erinnert und gleichzeitig ein „neues Arbeitsverständnis" angemahnt.[11] Zwar wird unsere Gesellschaft auch zukünftig eine Arbeitsgesellschaft bleiben. Die Arbeitsprozesse und die Beschäftigungsverhältnisse aber verändern sich seit etwa 20 Jahren grundlegend. Auch wenn die Verhältnisse in den verschiedenen Branchen oft sehr unterschiedlich sind, so kann man mit allen Vorbehalten gegenüber allgemeinen Aussagen doch feststellen, dass die tayloristische Arbeitsorganisation – also taktgebundene Fließbandarbeit – in vielen Betrieben von Gruppenarbeit mit größeren Entscheidungsspielräumen der Arbeitnehmer abgelöst wird. Arbeitszeiten werden vielerorts flexibler gestaltet. Hinzu kommen in manchen Branchen die Ausweitung der Projektarbeit und individuelle Zielvereinbarungen auf der Arbeitsebene. Begleitet werden diese Veränderungen durch den Abbau von betrieblichen Hierarchien und durch ein Personalmanagement, das die individuellen Fähigkeiten und Interessen der Beschäftigten stärker berücksichtigt als früher. Wir müssen allerdings feststellen, dass die Auswirkungen der neuen Arbeitsorganisation auf die Beschäftigten ambivalent sind.[12] Einerseits bedeutet die Neustrukturierung der Arbeitsprozesse einen Zugewinn an Freiheit und Eigenverantwortung. Der Einzelne erhält größere Möglichkeiten, seine Fähigkeiten und seine Leistungsbereitschaft zu entfalten. Andererseits klagen Arbeitnehmer über verstärkten Leistungsdruck und erhöhte Arbeitsintensität. Die Forderung nach mehr Flexibilität und Mobilität bedeutet oftmals, dass die Beschäftigten sich den wechselnden Anforderungen der Betriebe anpassen müssen. Mehr Flexibilität und Mobilität macht daher die Vereinbarkeit von Familie und Beruf nicht unbedingt einfacher, sondern in manchen Fällen auch schwieriger.

Ambivalent sind auch die **Folgen der neuen Beschäftigungsverhältnisse**. Der Anteil dauerhafter Vollzeitarbeitsverhältnisse wird voraussichtlich in den nächsten Jahrzehnten abnehmen. Die Zahl der Teilzeitarbeitsplätze und der befristeten

[7] Vgl. Quadragesimo anno, Nr. 69, 110; Gaudium et spes, Nr 67.

[8] Vgl. Quadragesimo anno, Nr. 74; Mater et magistra, Nr. 13; Octogesima adveniens, Nr. 18; Laborem exercens, Nr. 18; Sollicitudo rei socialis, Nr. 18.

[9] Vgl. Pacem in terris, Nr. 11 – 27; Laborem exercens, Nr. 22.

[10] Vgl. Kirchenamt der EKD 1997. S. 25 – 28; Die deutschen Bischöfe – Kommission für gesellschaftliche und soziale Fragen 2003, S. 18f.

[11] Kirchenamt der EKD S. 62f.

[12] Vgl. zum folgenden Hautwein-Kalms 2004.

Karl Kardinal Lehmann

Der Mensch im Mittelpunkt des Arbeitsprozesses. Perspektiven einer Theologie der Arbeit

2.0

Arbeitsverhältnisse hat schon in den letzten Jahren deutlich zugenommen. Immer mehr Menschen werden zwischen Phasen der ganztägigen Erwerbsarbeit, des Teilzeiterwerbs und der Haus- und Familienarbeit wechseln. Der Arbeitsplatzwechsel zieht oft auch einen Wechsel der beruflichen Tätigkeit nach sich. Für die Beschäftigten bedeutet diese Entwicklung einen Zugewinn an Berufserfahrung, an Kompetenzen und individuellen Entfaltungsmöglichkeiten. Sie erfordert aber auch ein hohes Maß an Flexibilität und Mobilität. Manche werden dadurch überfordert und laufen Gefahr, vom Arbeitsleben ausgeschlossen zu werden. Um das Zukunftsbild der Arbeitsgesellschaft zu vervollständigen, muss man noch auf die demographische Entwicklung hinweisen. Die Zahl der älteren Beschäftigten wird ebenso steigen wie der Anteil derer, die nicht mehr beschäftigt sind.

Die Veränderungen der Arbeitsverhältnisse erfordern eine **Reform des Sozialstaats**, insbesondere der sozialen Sicherungssysteme, die zukünftig zumindest nicht mehr ausschließlich durch das Arbeitseinkommen finanziert werden können. In dem Maße, in dem feste Berufsbilder, dauerhafte Beschäftigungsverhältnisse und gradlinige Berufsbiographien nicht mehr selbstverständlich sind, wird auch neu über die Bedeutung und den Stellenwert der Arbeit im persönlichen und gesellschaftlichen Leben nachzudenken sein. Es ist sicher nicht zufällig, dass in den letzten Jahren die Theologie der Arbeit wieder neu in Blick geraten ist.[13] Zu erinnern ist hier natürlich auch an das mittlerweile klassische, schon genannte Werk von Marie Dominique Chenu OP, dessen Gedanken zumindest teilweise in die Pastoralkonstitution **Gaudium et spes** des II. Vaticanums Eingang gefunden haben. Im deutschsprachigen Raum sind auch die Überlegungen zu einem christlichen Berufsethos von Alfons Auer[14] zu erwähnen.

IV.

Doch kann und soll die Kirche überhaupt etwas zur Arbeit sagen? Sollte sie dieses Thema[15] nicht besser den Volks- und Betriebswirten oder den Sozialwissenschaftlern und Historikern überlassen? Die Kirche würde ihre Sendung sicher missverstehen, wenn sie sich eine Lösungskompetenz in allen gesellschaftlichen, politischen oder wirtschaftlichen Fragen anmaßen würde. Allerdings ist es ihre Aufgabe, „nach den Zeichen der Zeit zu forschen und sie im Lichte des Evangeliums zu deuten".[16] Zur Erforschung der Zeichen der Zeit ist sie sicher auf den Dialog mit den Wissenschaften angewiesen. Sie bringt in diesen Dialog aber auch eine eigene, von den Wissenschaften nicht ersetzbare Perspektive ein, die gleichwohl dem jeweiligen Gegenstand keineswegs äußerlich ist.

[13] Vgl. z.B. Sailer-Pfister 2001, S. 91 – 110; Kreutzer 2002, S. 530 – 544; Kreutzer 2004, S. 284 – 295.

[14] Auer 1966.

[15] Außer der schon genannten Literatur vgl. bes. Chenu 1955; Rondet 1956; Rohloff 1997; Kramer 1982; Brakelmann 1988; Mieth 1985; vgl. Anm. 24.

[16] Gaudium et spes, Nr. 4.

Wer sich mit der Entstehungsgeschichte der modernen Erwerbsarbeit befasst, wird schnell feststellen, dass in das **moderne Konzept von Arbeit auch christliche Traditionen** eingeflossen sind. Wir alle kennen die berühmte These von Max Weber[17] über den Zusammenhang von Protestantismus und Kapitalismus, seine Herleitung des kapitalistischen Arbeitsethos aus einer bestimmten konfessionellen Gestalt des westlichen Christentums, nämlich des reformierten „asketischen" Protestantismus der Puritaner. Webers These, die er vor hundert Jahren, im November 1904, veröffentlichte, wird bis heute kontrovers beurteilt. Niemand aber kann ernsthaft bestreiten, dass die Durchsetzung der Industriegesellschaft und der Marktwirtschaft nicht nur eine Folge neuer naturwissenschaftlicher Erkenntnisse und technischer Innovationen war. Sie wäre ohne die Ausbildung eines Arbeitsethos und ohne eine bestimmte Vorstellung vom Sinn der Arbeit nicht möglich gewesen. Die Wirtschaft ist zwar eine eigene Wirklichkeit, deren Autonomie die Kirche ausdrücklich anerkennt,[18] aber sie ist nicht autark. In Abwandlung eines viel zitierten Satzes von Ernst-Wolfgang Böckenförde wird man vielmehr sagen müssen, dass die Wirtschaft von kulturellen und moralischen Voraussetzungen lebt, die sie selbst nicht garantieren oder gar herstellen kann. Den geistigen Vätern der Sozialen Marktwirtschaft stand diese Einsicht klar vor Augen. Sie wussten, dass die Wirtschaft auf Institutionen und soziale Handlungsräume angewiesen ist, die selbst nicht ökonomisch organisiert sind.[19]

Welche Einsichten kann der **christliche Glaube** in die Debatte **über die Bedeutung der Arbeit** einbringen? Welche Orientierung kann er in den Umbrüchen der Arbeitsgesellschaft geben? Zunächst muss man sagen, dass der christliche Glaube die menschliche Arbeit wertschätzt. In beiden biblischen Schöpfungserzählungen[20] wird der Mensch als arbeitendes Wesen geschaffen. Nach dem älteren Schöpfungsbericht setzt Gott den Menschen nach seiner Erschaffung in den Garten Eden, „damit er ihn bebaue und bewahre" (Gen 2, 15), damit der Mensch im Gottesgarten arbeitet. Durch seine Arbeit soll er den Garten gestalten und erhalten. Auch in der jüngeren Schöpfungserzählung mündet die Erschaffung des Menschen in den Auftrag, die Welt zu gestalten (vgl. Gen 1, 28). Zum Menschsein gehört die freie Verfügung über die Welt, die jedoch – wie Gen 1, 29f. festlegt – eine Herrschaft ohne Blutvergießen sein sollte. Arbeit als Weltgestaltung gehört zum Menschsein.

Allerdings wird der Mensch nicht **durch** Arbeit zum Menschen. Das zeigt ein **Vergleich der biblischen Schöpfungsgeschichten mit anderen altorientalischen Überlieferungen.** So wird etwa im Atramhasis-Mythos der Mensch von Göttern eigens dazu geschaffen, um ihnen die Arbeit abzunehmen. Der Mensch ist hier

[17] Zusammenfassend mit umfangreicher Literatur Kaesler 2003, S. 99 - 183.

[18] Vgl. Gaudium et spes, Nr. 36

[19] Vgl. ausführlich dazu Lehmann 2002 (dort viele weitere Nach- und Hinweise).

[20] Zur Einführung vgl. Kramer, 1982, S. 9 – 20; Pannenberg 1988, S. 19 – 37; Wolf 1973; vgl. auch Rad 1981, Westermann 1983, Steck 1970 und Steck 1981; vgl. auch ausführlicher Lehmann 1999. Vgl. auch oben die Anm. 13 und 15.

Karl Kardinal Lehmann

Der Mensch im Mittelpunkt des Arbeitsprozesses. Perspektiven einer Theologie der Arbeit

2.0

gleichsam der Arbeitssklave der Götter. Nach der Bibel gehört die Arbeit zwar auch zum Menschsein, aber der Mensch ist mehr als ein Arbeiter. Er ist vor allem anderen nach dem Bilde Gottes geschaffen (vgl. Gen 1, 26). Die Gottebenbildlichkeit unterscheidet ihn von allen anderen Wesen. Es ist sein besonderer Gottesbezug und nicht seine Arbeit, die ihn als Menschen auszeichnet und die seine Würde begründet. Der von Gott unter allen Lebewesen so ausgezeichnete Mensch erhält dann den Auftrag, die Welt durch seine Arbeit zu gestalten.

Die in den Schöpfungserzählungen grundgelegte Vorstellung vom Menschen und von der Arbeit findet ihre **Entsprechung in den eschatologischen Entwürfen.** Nirgends kommt im Alten Testament ein Leben ohne Arbeit in den Blick. Die endzeitlichen Hoffungsbilder malen kein Schlaraffenland. Die Hoffnung auf „einen neuen Himmel und eine neue Erde" wird im Buch Jesaja vielmehr so beschrieben: „Sie werden Häuser bauen und selbst darin wohnen, sie werden Reben pflanzen und selbst ihre Früchte genießen. Sie bauen nicht, damit ein anderer in ihrem Haus wohnt, und sie pflanzen nicht, damit ein anderer die Früchte genießt. [...] Was meine Auserwählten mit eigenen Händen erarbeitet haben, werden sie selber verbrauchen. Sie arbeiten nicht mehr vergebens, sie bringen nicht Kinder zur Welt für einen jähen Tod." (Jes 65,21 – 23a) Die Hoffnung richtet sich hier auf ein Leben ohne Ausbeutung und auf ein Leben, in dem die Arbeit nicht ins Leere geht, in dem sie nicht sinnlos wird. Die eschatologischen Bilder der Schrift sind Bilder einer gerechten Welt. Ihnen liegt die Einsicht zugrunde, dass das Problem des Menschen nicht eigentlich die Arbeit, sondern das Unrecht ist.

Die Schrift ist dabei weit davon entfernt, das Hohelied auf die Arbeit zu singen. Sie berichtet sehr eindringlich von der **Mühsal und Anstrengung der Arbeit** (vgl. Gen 3,17-19). Sie erzählt von der Fronarbeit in Ägypten (vgl. Ex 1-2) und von der steten Gefahr, dass der Mensch zum Diener seiner eigenen Werke wird (vgl. Jes 44,9-20). Wie alles menschliche Handeln ist auch die Arbeit von der Sünde gezeichnet. Die Arbeit ist nicht die Folge der Sünde oder gar ihre Strafe. „Verflucht" ist nicht die Arbeit, sondern der Ackerboden (Gen 3,17b). Gebrochen ist das Verhältnis des Menschen zu Gott, zum Mitmenschen und zur Schöpfung. Deshalb ist die Arbeit diesseits von Eden Mühsal, deshalb muss der Mensch „im Schweiße seines Angesichtes" sein Brot essen (Gen 3,19). Deshalb werden die Früchte der Arbeit zum Gegenstand von Neid und Zwietracht, die sich bis zum Brudermord steigern kann, wie die Geschichte von Kain und Abel zeigt (vgl. Gen 4,1-16). Bei aller Wertschätzung der Arbeit zeichnet die Schrift somit ein sehr realistisches Bild der Arbeit. Sie ist oft mühselig und eintönig, kräftezehrend und leidvoll. Die Arbeit gehört zwar zum Menschsein, aber sie wirkt nicht aus sich heraus humanisierend. Um wahrhaft human zu sein, bedarf die Arbeit, wie alles menschliche Handeln, der ethischen Weisung und der rechtlichen Regelung. Letztlich bedarf sie, wie die ganze Schöpfung, der Erlösung.

Die hohe Wertschätzung der Arbeit und die nüchterne Sicht der Arbeitswirklichkeit sind grundlegend für das **christliche Verständnis der Arbeit**. Vor dem Hintergrund der alttestamentlichen Texte sind die viel zitierten Sätze des Apostels Paulus, der selbst ein Handwerk erlernt und ausgeübt hat (Apg 18,3; 20,34), zu verstehen, dass wer nicht arbeiten will, auch nicht essen soll (2 Thess 3,10) und auch der Verkünder des Evangeliums ein Recht auf Entlohnung hat (vgl. 1 Kor 9,14). Die älteste überlieferte Gemeindeordnung, die Didache, legt entsprechend fest, dass Durchreisende, die länger als drei Tage in der Gemeinde verbringen, arbeiten sollen, um ihren Lebensunterhalt zu verdienen. Durch ihr biblisches Arbeitsethos unterschieden sich die christlichen Gemeinden von ihrer heidnischen Umwelt, in der Handarbeit als eine niedrige Tätigkeit galt, die eines freien Mannes nicht würdig war. Die christliche Neubewertung der Arbeit ist dann auch eine wichtige Quelle des modernen Arbeitsethos.

Die **katholische Soziallehre** kann als moderner Kommentar zum biblischen Verständnis der Arbeit gelesen werden. Die großen Sozialenzykliken haben von Anfang an die Lohnarbeit unter den Anspruch der sozialen Gerechtigkeit gestellt. Dabei standen zunächst das Verhältnis von Kapital und Arbeit und die Fragen der Verteilungsgerechtigkeit im Vordergrund. Schon bald aber reflektierte die Kirche auch die moralische und religiöse Bedeutung der Arbeit als „Beitrag zur Vollendung des Schöpfungswerkes Gottes"[21] und forderte nachdrücklich die Humanisierung der Erwerbsarbeit. Im Zentrum der katholischen Soziallehre steht die Würde des Menschen, die jeder Arbeit und jeder Leistung vorausgeht. An ihr soll sich die Gestaltung der Arbeitsprozesse und der Beschäftigungsverhältnisse orientieren. Programmatisch schreibt Papst Johannes Paul II. in der Enzyklika **Laborem exercens**, dass „die Arbeit für den Menschen da (ist) und nicht der Mensch für die Arbeit"[22]. Arbeit ist betriebswirtschaftlich betrachtet sicher ein Kostenfaktor. Aber es wäre eine gefährliche Verkürzung, wenn wir Arbeit nur unter betriebswirtschaftlichen Gesichtspunkten betrachten und bewerten würden. Die Würde des Menschen kann in der Arbeitswelt nur gewahrt bleiben, wenn die Organisation der Arbeitsprozesse und die Gestaltung der Beschäftigungsverhältnisse sozialethisch beurteilt werden. Kriterium der Beurteilung ist das Wohl des Menschen in einem umfassenden Sinne.

[21] Gaucium et spes, N. 67.

[22] Laborem exercens, N. 6.

Die Veränderungen der Erwerbsarbeit und die strukturelle Massenarbeitslosigkeit haben in den letzten Jahren die Frage aufkommen lassen, ob wir in der Vergangenheit die Bedeutung der **Arbeit als Medium der Selbstverwirklichung** nicht

Karl Kardinal Lehmann

Der Mensch im Mittelpunkt des Arbeitsprozesses. Perspektiven einer Theologie der Arbeit

2.0

überschätzt haben. Angesichts einer vielerorts zu beobachtenden Ökonomisierung wird neu nach den Quellen für eine Humanisierung des persönlichen und gesellschaftlichen Lebens gesucht. Dabei kommt ein weiterer wichtiger Aspekt der biblischen Sicht der Arbeit in den Blick, nämlich das Verhältnis von Arbeit und Ruhe, von Arbeit und Muße. Im dritten der Zehn Gebote heißt es: „Sechs Tage darfst du schaffen und jede Arbeit tun. Der siebte Tag ist ein Ruhetag, dem Herrn, deinem Gott, geweiht."(Ex 20,9f; Dtn 5,13f) An einem Tag in der Woche soll jeder Mensch in Israel – ob Mann oder Frau, Herr oder Knecht, Jude oder Fremder – die Arbeit ruhen lassen. Am Sabbat soll der Mensch von der Mühsal der Arbeit frei werden. Mit dem Arbeitsverbot unterbricht der christliche Sonntag, wie der jüdische Sabbat, das Wechselspiel von Produktion und Konsum, das unseren Alltag damals wie heute beherrscht. Wir treten heraus aus dem Kreislauf des Immer-Gleichen.

[23] Vgl. jetzt zusammenfassend, Rösgen 2002; Lehmann 2003, S. 441 – 452 (Lit.: S. 450f.).

Der **Sonntag** ist nicht nur ein Tag der Erholung, der Regeneration unserer Arbeitskraft.[23] Der arbeitsfreie Tag ermöglicht uns vor allem eine neue Sicht auf uns selbst, unsere Mitmenschen und die Welt. Am Sonntag soll uns bewusst werden, dass nicht alles machbar und das Machbare nicht alles ist. Auch wenn wir heute gerne von „Beziehungsarbeit" sprechen, Liebe, Freundschaft, ein gelungenes Familienleben können wir nicht machen oder herstellen. Sie werden uns geschenkt. Bei aller Wertschätzung der Arbeit, dürfen wir nicht vergessen, dass die Schöpfung, die wir nach dem Willen des Schöpfers gestalten und bewahren sollen, nicht von uns gemacht wurde. Alle menschliche Arbeit ist an Voraussetzungen gebunden, die wir nicht herstellen, sondern nur bewahren oder im schlimmsten Fall zerstören können. Die Umweltzerstörung und die ökologischen Krisen führen uns die Hybris des **homo faber** deutlich vor Augen. Die Natur ist eben mehr als Material für unsere Arbeit, mehr als eine ökonomische Ressource.

Auf den ersten Blick lebt der Mensch von seiner Arbeit. Der zweite Blick – wir könnten ihn den Sonntagsblick nennen – erkennt, dass wir vor allem anderen von dem leben, was uns unverdienterweise geschenkt wird. Deshalb ist der Sonntag für den Christen der Tag der Danksagung, der Tag der Eucharistie und des Gebetes. Das Wechselspiel von Sonntag und Werktag, von „ora et labora" (Hl. Benedikt) meint kein beziehungsloses Nebeneinander von Arbeit und Muße. In der Eucharistie nehmen wir vielmehr Bezug auf die Arbeit. Wir bringen Gott Brot und Wein als „Früchte der Erde und der menschlichen Arbeit" dar, auf dass sie zum Ort der Gegenwart Gottes in unserer Welt werden. In der Eucharistie wird deutlich, dass das christliche Arbeitsethos von der Hoffnung getragen ist, dass die vom Menschen gestaltete Schöpfung einst verwandelt und zum Ort der

Gegenwart Gottes wird. Deshalb ist das biblische Bild der vollendeten Schöpfung nicht der Garten Eden, sondern das himmlische Jerusalem (Offb 21,1 - 22,5).

Diese drei Aspekte – **Arbeit als Mitarbeit an der Schöpfung Gottes, als Mühsal und das Wechselspiel von Arbeit und Muße** – scheinen mir für die Ausgestaltung einer Theologie der Arbeit zentrale Bausteine zu sein. Eine Humanisierung der Arbeit und der Arbeitswelt kann langfristig nur gelingen, wenn alle drei Aspekte beachtet werden. Es wäre insbesondere fahrlässig, wenn wir – wie gelegentlich gefordert – die gesellschaftliche Bedeutung des Sonntags durch eine immer weitere Lockerung des Arbeitsverbotes um kurzfristiger ökonomischer Vorteile willen mindern oder gar verlieren würden. Denn der Verlust des Sonntags wäre ein Verlust an Menschlichkeit.

V.

Diese Einsicht hat auch **Konsequenzen für die berufliche Bildung.** Wer Jugendliche und junge Erwachsene beruflich handlungsfähig machen will, wird auch die religiösen und moralischen Voraussetzungen beruflichen Handelns thematisieren müssen. Er wird nach den Werten und Zielen des Lebens, nach der Einstellung zu Arbeit und Erfolg, der Bedeutung von Versagen und Misserfolg, nach den Regeln des betrieblichen Miteinanders, nach Eigeninteresse und Solidarität, nach Arbeit und Freizeit, Beruf und Familie fragen und auf diese Fragen Antworten finden müssen. Deshalb ist der Religionsunterricht ein unverzichtbarer Teil der beruflichen Bildung.

Gerade in Zeiten eines beschleunigten technischen und ökonomischen Wandels brauchen wir Menschen, die ihr Handeln an grundlegenden Werten orientieren. Wenn der Einzelne immer wieder Neues lernen und sich auf unbekannte Situationen einstellen muss, dann braucht er für seine eigene Lebensorientierung, aber auch für sein grundlegendes Berufsethos verlässliche Leitplanken, die nicht ständig wieder ausgewechselt werden müssen. Ethische Grundorientierungen sind gerade in einer solchen Situation unverzichtbar. Bei dem raschen Verfall des speziellen Wissens ist es gerade notwendig, dass junge Menschen Perspektiven längerfristiger Art für ihr Leben kennen lernen, die ihnen helfen, mitten in vielen Wandlungen ihre Identität zu behalten und neue Entwicklungen einordnen zu können. Sonst werden sie durch den starken Wandel regelrecht aufgefressen und verlieren ihre personale Identität.[24]

24 Vgl. dazu außer den schon genannten Werken: Landmesser 1998; Haeffner 1999; Leschnig 2003; Balkhausen 1990.

Deshalb ist es schlechthin unverständlich, warum wir gerade in den Berufsschulen einen so hohen Ausfall von Religionsunterricht in Kauf nehmen, wie es tat-

Karl Kardinal Lehmann

Der Mensch im Mittelpunkt des Arbeitsprozesses. Perspektiven einer Theologie der Arbeit

2.0

sächlich in vielen Bundesländern immer noch und immer wieder der Fall ist. Dabei wäre der Ausfall noch größer, wenn die Kirchen nicht auch in hohem Maß finanziell versuchen würden, die Lücke zu stopfen. Aber dies wird ja gerade Thema dieses Kongresses sein.

Arbeit ist zweifellos ein wichtiges Thema im Religionsunterricht an berufsbildenden Schulen. Wie die Studie von Klaus Kießling gezeigt hat, trifft die „Frage nach der theologischen Dignität der Arbeit" bei den Auszubildenden auf großes Interesse.[25] Für das **Institut für berufsorientierte Religionspädagogik**, das diesen Kongress ausrichtet, wird es daher eine lohnende Aufgabe sein zu untersuchen, inwieweit eine Theologie der Arbeit zur Profilierung des Religionsunterrichts in den Berufsschulen beitragen kann. Dem Leiter des Instituts, Prof. Dr. Albert Biesinger, und seinen Mitarbeiterinnen und Mitarbeitern möchte ich auch an dieser Stelle herzlich für Ihre Arbeit danken. Mein besonderer Dank aber gilt Ihnen, den Religionslehrerinnen und Religionslehrern. Aufgrund der Heterogenität der Auszubildenden und auch mancher organisatorischen Schwierigkeiten stellt der Religionsunterricht an den Berufsschulen hohe Anforderungen an die Lehrkräfte. Ich darf Ihnen versichern, dass wir Bischöfe Ihr Engagement für die christliche Botschaft zu schätzen wissen und auch zukünftig nach Kräften fördern werden.[26]

[25] Vgl. Kießling 2004, S. 158.

[26] Zum Ganzen vgl. auch Lehmann 1969, S. 350 – 375 (Lit.); Lehmann 1993, S. 416 – 421.

Literatur

ANZENBACHER, ARNO: Arbeitslosigkeit und Arbeit, in: Internationale katholische Zeitschrift »Communio«, 13 (1984). (Zitiert als: Anzenbacher 1984)

ARBEIT. Zum geschichtlichen Wandel des Begriffes, in: Internationale katholische Zeitschrift »Communio«, 13 (1984). (Zitiert als: Arbeit 1984)

ARENDT, HANNAH: Vita und activa oder vom tätigen Leben, Stuttgart 1960. (Zitiert als: Arendt 1960)

AUER, ALFONS: Christsein im Beruf. Grundsätzliches und Geschichtliches zum christlichen Berufsethos, Düsseldorf 1966. (Zitiert als: Auer 1966)

BALKHAUSEN, DIETER / SCHMIDT, KLAUS-DIETER (Hrsg.): Auf dem Weg zu einer neuen Arbeitskultur [Beiträge zur Gesellschaftspolitik, 32], Trier 1990. (Zitiert als: Balkhausen 1990)

BRAKELMANN, GÜNTER: Zur Arbeit geboren? Beiträge zu einer christlichen Arbeitsethik, Bochum 1988. (Zitiert als: Brakelmann 1988)

CHENU, MARIE-DOMINIQUE / KRÜGER, H. J.: Arbeit, in: RITTER, JOACHIM (Hrsg.): Historisches Wörterbuch der Philosophie, Bd. 1, Basel 1971. (Zitiert als: Chenu 1971)

CHENU, MARIE-DOMINIQUE, in: Sacramentum mundi I, Freiburg i.Br. 1967. (Zitiert als: Chenu 1967)

CHENU, MARIE-DOMINIQUE: Arbeit, in: Handbuch Theologischer Grundbegriffe I, München 1962. (Zitiert als: Chenu 1962)

CHENU, MARIE-DOMINIQUE: Die Arbeit und der göttliche Kosmos, Mainz 1955. (Zitiert als: Chenu 1955)

CONZE, WERNER: Arbeit, in: BRUNNER, OTTO / CONZE, WERNER / KOSELLECK, REINER (Hrsg.): Geschichtliche Grundbegriffe. Historisches Lexikon zur politisch-sozialen Sprache in Deutschland. Bd. I, Stuttgart 1972. (Zitiert als: Conze 1972)

CONZE, WERNER: Arbeiter, Arbeiterfrage, in: RITTER, JOACHIM (Hrsg.): Historisches Wörterbuch der Philosophie, Bd. 1, Basel 1971. (Zitiert als: Conze 1971)

DIE DEUTSCHEN BISCHÖFE – Kommission für gesellschaftliche und soziale Fragen: Sekretariat der Deutschen Bischofskonferenz (Hrsg.): Das Soziale neu denken. Für eine langfristig angelegte Reformpolitik, [Erklärungen der Kommissionen, 28], Bonn 2003. (Zitiert als: Die deutschen Bischöfe – Kommission für gesellschaftliche und soziale Fragen 2003)

GAUDIUM ET SPES. (Zitiert als: Gaudium et spes)

GAUGLER Eduard: Humanisierung der Arbeit. Arten und Probleme der Arbeitsstrukturierung, in: Internationale katholische Zeitschrift »Communio«, 13 (1984). (Zitiert als: Gaugler 1984)

GIARINI, CRIO / LIEDTKE, PATRICK M.: Wie wir arbeiten werden. Der neue Bericht an den Club of Rome, Hamburg 1998. (Zitiert als: Giarini 1998)

GORZ, ANDRÉ: Arbeit zwischen Misere und Utopie, Frankfurt 2000. (Zitiert als: Gorz 2000)

GRASSI, ERNESTO / SCHMALE, HUGO (Hrsg.): Arbeit und Gelassenheit. Zwei Grundformen des Umgangs mit Natur, [Zürcher Gespräche, III], München 1994. (Zitiert als: Grassi 1994)

GREINER, FRANZ: Arbeitslosigkeit. Hinweise und Informationen, in: Internationale katholische Zeitschrift »Communio«, 13 (1984). (Zitiert als: Greiner 1984)

Der Mensch im Mittelpunkt des Arbeitsprozesses. Perspektiven einer Theologie der Arbeit

2.0

HAEFFNER, GERD u.a. in: BRIESKORN, NORBERT / WALLACHER, JOHANNES (Hrsg.):
Arbeit im Umbruch. Sozialethische Maßstäbe für die Arbeitswelt von morgen,
[Globale Solidarität, 3], Stuttgart 1999. (Zitiert als: Haeffner 1999)

HANK, RAINER: Arbeit – Die Religion des 20. Jahrhunderts. Auf dem Weg in die Gesellschaft der
Selbstständigen, Frankfurt 1995. (Zitiert als: Hank 1995)

HERRHAUSEN, ALFRED: GESELLSCHAFT FÜR INTERNATIONALEN DIALOG (Hrsg.):
Arbeit der Zukunft / Zukunft der Arbeit, Stuttgart 1994. (Zitiert als: Herrhausen 1994)

JONAS, FRIEDRICH: Sozialphilosophie der industriellen Arbeitswelt, Stuttgart 1960. (Zitiert als: Jonas 1960)

JUROS, HELMUT: Wovon handelt die Theologie der Arbeit? in: Internationale katholische Zeitschrift
»Communio«, 13 (1984). (Zitiert als: Juros 1984)

KÄSLER, DIRK: Max Weber. Eine Einführung in Leben, Werk und Wirkung, Frankfurt[3] 2003.
(Zitiert als: Käsler 2003)

KERBER, WALTER (Hrsg.): Arbeitswelt im Umbruch. Arbeitslosigkeit als Anstoß und Herausforderung,
Düsseldorf 1984. (Zitiert als: Kerber 1984)

KIEßLING, KLAUS: Zur eigenen Stimme finden. Religiöses Lernen an berufsbildenden Schulen,
[Zeitzeichen, 16], Ostfildern 2004. (Zitiert als: Kießling 2004)

KIRCHENAMT DER EKD / SEKRETARIAT DER DEUTSCHEN BISCHOFSKONFERENZ (Hrsg.):
Für eine Zukunft in Solidarität und Gerechtigkeit. Wort des Rates der Evangelischen Kirche in Deutschland
und der Deutschen Bischofskonferenz zur wirtschaftlichen und sozialen Lage in Deutschland,
[Gemeinsame Texte, 9], Hannover - Bonn 1997. (Zitiert als: Kirchenamt der EKD 1997)

KLAGES, HELMUT: Arbeitswelt, in: RITTER, JOACHIM (Hrsg.): Historisches Wörterbuch der Philosophie, Bd. 1,
Basel 1971. (Zitiert als: Klage 1971)

KLÖCKER, MICHAEL / TWORUSCHKA, UDO (Hrsg.): Ethik der Religionen – Lehre und Leben, Bd. 2: Arbeit,
München - Göttingen 1985. (Zitiert als: Klöcker 1985)

KNORN, PETER: Arbeit und Menschenwürde. Kontinuität und Wandel im Verständnis der
menschlichen Arbeit in den kirchlichen Lehrschreiben von Rerum novarum bis Centesimus annus,
[Erfurter Theologische Studien, 73], Leipzig 1996. (Zitiert als: Knorn 1996)

KOCKA, JÜRGEN / OFFE, CLAUS (Hrsg.): Geschichte und Zukunft der Arbeit, Frankfurt 2000.
(Zitiert als: Kocka 2000)

KRAMER, ROLF: Arbeit: Theologische, wirtschaftliche und soziale Aspekte
[Kleine Vandenhoeck-Reihe, 1482], Göttingen 1982. (Zitiert als: Kramer 1982)

KREUTZER, ANSGAR: „Um Gottes Willen Arbeit". Eine systematisch-theologische Annäherung, in:
ThPQ 152 (2004). (Zitiert als: Kreutzer 2004)

KREUTZER, ANSGAR: Recht auf Arbeit – Pflicht zur Muße. Die „normative Entladung" der Erwerbsarbeit
als Perspektive christlicher Sozialethik, in: Stimmen der Zeit 127 (2002). (Zitiert als: Kreutzer 2002)

KWANT, REMY C.: Der Mensch und die Arbeit, München 1968. (Zitiert als: Kwant 1968)

LABOREM EXERCENS. (Zitiert als: Laborem exercens)

LANDMESSER, MARTIN / SCHEPAN, JOHANNES (Hrsg.): Leben um zu Arbeiten – Arbeiten um zu Leben?
Prioritäten setzen in Zeiten der Globalisierung, Neuhausen - Stuttgart 1998. (Zitiert als: Landmesser 1998)

LANDWEHRMANN, FRIEDRICH: Arbeitsteilung, in: RITTER, JOACHIM (Hrsg.):
Historisches Wörterbuch der Philosophie, Ed. 1, Basel 1971. (Zitiert als: Landwehrmann 1971)

LEHMANN, KARL: Der Sonntag als gemeinsames Erbe und ökumenische Verpflichtung, in:
WALTER, PETER u.a. (Hrsg.): Kirche in ökumenischer Perspektive. Festschrift für Kardinal Walter Kasper
zum 70. Geburtstag, Freiburg i.Br. 2003. (Zitiert als: Lehmann 2003)

LEHMANN, KARL: Notwendiger Wandel der Sozialen Marktwirtschaft
[Vortrag im Rahmen der Ludwig Erhard Lectures, (13. Juni 2002)], Berlin 2002. (Zitiert als: Lehmann 2002)

LEHMANN, KARL: Arbeit in christlicher Sicht. Vortrag beim Königsteiner Forum 1999 „Arbeit der Zukunft"
(17 Seiten Manuskript). (Zitiert als: Lehmann 1999)

LEHMANN, KARL: Vom Sinn der Arbeit. In: LEHMANN, KARL (Hrsg.): Glaube bezeugen, Gesellschaft gestalten.
Freiburg i. Br. 1993. (Zitiert als: Lehmann 1993)

LEHMANN, KARL: Der Christ und die Kirche vor dem modernen Berufs- und Arbeitsverständnis, in
ARNOLD, FRANZ XAVER u.a. (Hrsg.): Handbuch der Pastoraltheologie, Bd. IV, Freiburg i.Br. 1969.
(Zitiert als: Lehmann 1969)

MATER ET MAGISTRA. (Zitiert als: Mater et magistra)

MESCHNIG, ALEXANDER / STUHR, MATHIAS: Arbeit als Lebensstil. [edition suhrkamp, 2308],
Frankfurt 2003. (Zitiert als: Meschnig 2003)

MIETH, DIETMAR: Arbeit und Menschenwürde, Freiburg .Br. 1985. (Zitiert als: Mieth 1985)

MÜLLER, SEVERIN: Phänomenologie und philosophische Theorie der Arbeit, Bd. I u. II, München 1993.
(Zitiert als: Müller 1993)

NEGT, OSKAR: Arbeit und menschliche Würde, Bd. I, Göttingen[2] 2002. (Zitiert als: Negt 2002)

OCTOGESIMA ADVENIENS. (Zitiert als: Octogesima adveniens)

PACEM IN TERRIS. (Zitiert als: Pacem in terris)

PANNENBERG, WOLFHART: Fluch und Segen der Arbeit, in: SCHART, DIETER (Hrsg.): Zukunft der Arbeit.
Stuttgart 1988 (Zitiert als: Pannenberg 1988)

PAPMEHL, ANDRÉ / WOLLERT, ARTUR (Hrsg.): Wird Arbeit zum Luxus?, Heidelberg 1995.
(Zitiert als: Papmehl 1995)

QUADRAGESIMO ANNO. (Zitiert als: Quadragesimo anno)

RAD, GERHARD VON: Das erste Buch Mose Genesis, [Das Alte Testament deutsch, 2/4],
Göttingen[12]1981. (Zitiert als: Rad 1981)

RAHNER, KARL: Alltägliche Dinge. Einsiedeln[10]1974. (Zitiert als: Rahner 1974)

RAUSCHER, ANTON (Hrsg.): Arbeitsgesellschaft im Umbruch. Ursachen, Tendenzen, Konsequenzen,
[Soziale Orientierung, 14], Berlin 2002. (Zitiert als: Rauscher 2002)

RIEDEL, MANFRED: Arbeit, in: KRINGS, HERMANN u.a. (Hrsg.): Handbuch Philosophischer Grundbegriffe,

Karl Kardinal Lehmann

Der Mensch im Mittelpunkt des Arbeitsprozesses. Perspektiven einer Theologie der Arbeit

2.0

München 1973. (Zitiert als: Riedel 1973)

RIFKIN, JEREMY: Das Ende der Arbeit und ihre Zukunft, Frankfurt 1995. (Zitiert als: Rifkin 1995)

ROHLOFF, MANFRED: Vom Herrschen zum Teilen. Ethische Konzeptionen einer Theologie der Arbeit, Neukirchen 1997. (Zitiert als: Rohloff 1997)

RONDET, HENRI: Theologie der Arbeit, Würzburg 1956. (Zitiert als: Rondet 1956)

ROOS, LOTHAR.: Theologie und Ethik der Arbeit, in: Internationale katholische Zeitschrift »Communio«, 13 (1984). (Zitiert als: Roos 1984)

RÖSGEN, PETRA: Am siebten Tag. Geschichte des Sonntags, Begleitbuch zur Ausstellung im Haus der Geschichte der Bundesrepublik Deutschland, Bonn, 25. Oktober 2002 bis 21. April 2003, und im Zeitgeschichtlichen Forum Leipzig, 17. Juni bis 12. Oktober 2003, St. Augustin 2002. (Zitiert als: Rösgen 2002)

RUPPERT, WOLFGANG (Hrsg.): Die Arbeiter. Lebensformen, Alltag und Kultur von der Frühindustrialisierung bis zum Wirtschaftswunder, München 1986. (Zitiert als: Ruppert 1986)

SAILER-PFISTER, SONJA: Theologie der Arbeit angesichts der Krise der Arbeitsgesellschaft?, in: Frankfurter Arbeitspapiere zur gesellschaftsethischen und sozialwissenschaftlichen Forschung 27 (2001). (Zitiert als: Sailer-Pfister 2001)

SCHLAFFKE, WINFRIED: Ihr könntet es erleben: Bezahlte Arbeit für alle, Köln 1996. (Zitiert als: Schlaffke 1996)

SCHUBERT, VENANZ (Hrsg.): Der Mensch und seinen Arbeit, [Wissenschaft und Philosophie, 3], St. Ottilien 1986. (Zitiert als: Schubert 1986)

SOLLICITUDO REI SOCIALIS. (Zitiert als: Sollicitudo rei socialis)

STECK, ODIL HANNES: Die Paradieserzählung. Eine Auslegung von Genesis 2,4b - 3,24, [Biblische Studien, 60], Neukirchen-Vluyn 1970. (Zitiert als: Steck 1970)

STECK, ODIL HANNES: Der Schöpfungsbericht der Priesterschrift. Studien zur literarkritischen und überlieferungsgeschichtlichen Problematik von Genesis 1,1 - 2,4a, [Forschungen zur Religion und Literatur des Alten und Neuen Testaments, 115], Göttingen[2] 1981. (Zitiert als: Steck 1981)

TRAUTWEIN-KALMS, GUDRUN: Die Ambivalenz moderner Arbeit: Arbeitsverdichtung oder Arbeitserfüllung? [Schrift des Bundesinstituts für Berufsbildung, Heft 4], Bonn 2004. (Zitiert als: Trautwein-Kalms 2004)

WESTERMANN, CLAUS: Genesis 1-11. [Biblische Kommentar, I/1], Neukirchen-Vluyn[3] 1983. (Zitiert als: Westermann 1983)

WOLF, HANS WALTER: Anthropologie des Alten Testaments, München 1973. (Zitiert als: Wolf 1973)

WOLF, JÜRGEN - PICKERODT, IRMGARD (Hrsg.): Wolf, Jürgen: Vom Sinn der Arbeit [Werte und Normen Ethik / Religion, 1], Göttingen 1989. (Zitiert als: Wolf 1989)

Manfred Leo Müller
Berufliche Qualifikation – im Spannungsfeld von Kompetenz und Verwertbarkeit

„Ein Talent hat jeder Mensch, nur gehört zumeist das Licht der Bildung dazu, um es aufzufinden." Zu diesem Schluss kam Anfang des 20. Jahrhunderts der österreichische Schriftsteller Peter Rosegger. Heute, knapp 100 Jahre später, hat dieser Satz nichts von seiner Richtigkeit eingebüßt. Es lässt sich wohl kaum jemand finden, der ihn anzweifelt.

Allerdings – und diese Ergänzung macht die Sache schwierig – bedarf es der „richtigen" Bildung, die überhaupt in der Lage ist, Licht zu spenden. Nur was ist „richtig"? Und ist die „richtige" Bildung eine gleichbleibende Größe oder bedarf es einer Anpassung an sich verändernde Umstände oder Zeiten?

Jeder, der sich heute mit dem Thema Bildung beschäftigt, insbesondere die, die Verantwortung tragen, sollten darauf eine Antwort finden; Antworten und Wege, diese in der Praxis umzusetzen: im Kindergarten, in der Vorschule, in der allgemeinbildenden Schule und – der Schwerpunkt des heutigen Tages – in der Berufsschule.

Das Duale System

Die Frage nach der „richtigen" Bildung in der Berufsschule ist – zumindest hier in Deutschland – unmittelbar eine Frage nach der „Richtigkeit" des dualen Systems.

Unbestritten ist zunächst, dass am dualen System auch weiterhin festzuhalten ist und es Erfolgsmodell der Berufsbildung bleibt. Nicht nur im Handwerk hat es einen maßgeblichen Anteil am qualitativen und quantitativen Erfolg der Berufsausbildung.

Das duale System verknüpft in bewährter Weise schulische Theorie und betriebliche Praxis. Entsprechend ist die Jugendarbeitslosigkeit in Deutschland im Vergleich zu anderen Ländern in Europa viel geringer. Nicht von ungefähr wird das duale System von der EU-Kommission zur Nachahmung empfohlen.

Seine Leistungsfähigkeit kann es allerdings nur aufrechterhalten, wenn Lerninhalte und Methoden an die wirtschaftlichen und gesellschaftlichen Rahmenbedingungen angepasst werden. Und das fordert beständige Veränderung und Anpassung.

Das ist an sich nichts Neues. Schon vor 2500 Jahren kam der Philosoph Heraklit zu dem Schluss, dass die Welt in einem steten Wandel begriffen sei. Er postulierte die Bewegung als treibende Kraft der Entwicklung, der Evolution. Berühmtheit erlangte sein Zitat: „panta rhei" – alles fließt.

Heute stellen wir sogar fest: Selbst der Wandel wandelt sich. Noch nie vollzog sich der Wandel so allgegenwärtig und rasant wie heute.

Nicht zuletzt die Globalisierung und die neuen Informations- und Kommunikationstechnologien haben dazu geführt, dass sich die Umlaufgeschwindigkeit von Informationen und Wissen explosionsartig erhöhen konnte. Waren eben noch Umgebungen, Denk- oder Verhaltensmuster vertraut, kann schon nach kürzester Zeit alles wieder in Frage gestellt sein.

Hat sich früher nach einer Wandlungsphase eine Zeit der Kontinuität ergeben, auf die man sich einstellen konnte, erleben wir heute immer häufiger instabile, turbulente und unkalkulierbare Alltagssituationen.

Diese Entwicklung hinterlässt natürlich ihre Spuren im Wirtschafts- und Arbeitsprozess:

· die ökonomischen Produktionsverfahren gewinnen immer mehr an
  Komplexität,
· Produktionszyklen werden immer kürzer,
· die Ablauforganisation wird verzweigter, Netzwerke gewinnen immer mehr
  an Bedeutung,
· die technische Infrastruktur verdrängt alte Informationswege.

Unternehmen, die sich hier nicht auf dem neuesten Stand halten, verschwinden vom Markt. Galt früher noch der Grundsatz „Die Großen fressen die Kleinen", gilt heute: „Die Schnellen fressen die Langsamen" und „Die Netzwerker fressen die Einzelgänger"

Auf diese veränderte Arbeitskultur muss sich natürlich auch die berufliche Bildung einstellen und Anpassungen vornehmen, wo diese nötig sind.

Gestiegene Anforderungen an die Ausbildung

Unbestritten erfordert der technische Fortschritt zunächst einmal eine höhere Fachkompetenz. Im Handwerk zum Beispiel durchlaufen rund 530.000 junge Menschen eine handwerkliche Ausbildung. Dabei haben die Jugendlichen vielfältige Wahl- und Entwicklungsmöglichkeiten in über 120 Berufen. In allen hat der technologische Fortschritt zu erheblichen Veränderungen geführt. Dies gilt für die traditionellen Handwerksberufe wie Bäcker, Metzger und Friseur, die künstlerischen Berufe wie Steinbildhauer und Fotografen, die Gesundheitsberufe wie

2.1

Augenoptiker – dem Gewerk aus dem ich komme – und erst recht für die technisch sehr anspruchsvollen Berufe wie Kraftfahrzeugmechatroniker oder Informationselektroniker.

Fakt ist: Wer hier nicht die nötige Fachkompetenz mitbringt, hat in seinem Beruf auf Dauer keine Chance. Fakt ist aber auch: Fachkompetenz ist eine notwendige Bedingung, aber keine hinreichende. Es wird immer deutlicher, dass heute die Verwertbarkeit der Fachkompetenz nicht sichergestellt ist, wenn soziale Kompetenzen fehlen. Dies gilt umso mehr, je höher Anforderungen insgesamt werden.

Für die Bildungspolitiker heißt das: Soll die Verwertbarkeit der Fachkompetenz vor dem genannten Hintergrund der gestiegenen Ansprüche aufrechterhalten werden, kommt der Vermittlung der sozialen Kompetenz im Rahmen der Berufsbildung eine besondere Rolle zu.

Welche Kompetenzen sind das im Einzelnen?

Soziale Kompetenzen

Die Gesellschaft für innovative Marktforschung Heidelberg hat dies in ihrer sog. Delphi-Studie aus dem Jahr 2000 untersucht. Danach wird sich der Mitarbeiter der Zukunft durch seine, ich zitiere: „erweiterten Kompetenzen, seine Mobilität, seine Ausgewogenheit als Lebenskünstler zwischen Muss und Muße unter Nutzung seiner persönlichen Ressourcen mit Bauch, Herz und Hirn im sozialen Netz bewegen."

Ich gebe zu, diese Kriterien sind abstrakt formuliert. Worum es letztendlich geht, ist es, den Auszubildenden für ihren beruflichen Werdegang persönliche Eigenschaften wie Aktivität, Kreativität, Selbstständigkeit, Verantwortungsbewusstsein, Konfliktfähigkeit und Teamfähigkeit zu vermitteln.

Was unsere Jugendlichen brauchen, ist die Fähigkeit, sich auszudrücken, sich durchzusetzen und dabei ethische Grundregeln und Werte zu beachten – nicht, weil sie ihnen auferlegt werden, sondern weil sie zum Selbstverständnis der Jugendlichen gehören sollten. Mit den genannten Schlüsselqualifikationen sind die Jugendlichen heutzutage für das Berufsleben gut ausgestattet.

Doch ist das die Realität, die wir jeden Tag feststellen? Ist dies das tatsächliche Bild der Jugend der Gegenwart?

Verlust bewährter Grundwerte und Tugenden – auch bei der Jugend

Meine Wahrnehmung ist oftmals eine andere. Es erweckt den Eindruck, dass viele Jugendliche erhebliche Probleme haben beim Übergang vom Kindsein zum Erwachsenen, vom Schüler zum Berufsanfänger und dies in ihrem Verhalten der Umwelt gegenüber zum Ausdruck bringen.

Es hat den Anschein, dass hier zum Teil wichtige Wertvorstellungen oder auch die Leistungsbereitschaft der Jugendlichen auf der Strecke bleiben. Beobachtbar sind häufig Passivität statt Aktivität, Individualisierung statt Gemeinschaftssinn.

Meine persönliche Beobachtung, die auch viele meiner Kollegen teilen, deckt sich mit den Ergebnissen in Umfragen und Studien:

Nach Erkenntnissen aus der Pisa-Studie gehen in Deutschland rund 25 % der Schüler ohne ausreichende Ausbildungsreife ab.

Der ZDH hat Ende 2001 bei den Betrieben nachgefragt, warum offene Stellen nicht zu besetzen sind. Ergebnis: 22,4 % der Betriebe geben an, dass die Bewerber nicht die notwendigen Anforderungen an die Stelle mitbringen. 24,9 % der Betriebe beklagen die mangelnde Arbeitsbereitschaft der Jugendlichen.

Die aktuelle Nachvermittlungsaktion im Handwerk im Rahmen des Ausbildungspaktes hat gezeigt, dass rund 40 % der Jugendlichen der Einladung zur Nachvermittlung überhaupt nicht gefolgt sind.

Damit ich nicht falsch verstanden werde: Dies ist keine Pauschalkritik an der Jugend. Ich möchte nur deutlich machen, dass in den Betrieben häufig keine Ausbildungsplätze besetzt werden können, weil die Jugendlichen nicht die nötigen Anforderungen erfüllen.

Verantwortung der Wirtschafts- und Gesellschaftsgruppe Handwerk

Und die Lücke wäre noch größer, wenn es nicht die Betriebe geben würde, die Bewerber allein auf die Hoffnung gegründet einstellen, ihnen fehlendes Können und Wissen noch selbst vermitteln zu können und ihnen helfen, ihre Gesellenprüfung zu bestehen. Damit unterstreichen unsere Betriebe des Handwerks, dass sie sich ihrer gesellschaftlichen Verantwortung bewusst sind. Immerhin wollen wir aus unserem Selbstverständnis heraus mehr sein als die Wirtschaftsgruppe Handwerk. Wir wollen auch die Gesellschaftsgruppe Handwerk sein.

Den Betrieben des Handwerks ist es traditionell ein besonderes Anliegen, den Werdegang der Auszubildenden nach bestmöglichen Kräften zu unterstützen. Dies geschieht unter anderem durch die Vermittlung von Teamfähigkeit sowohl zwischen Auszubildenden untereinander als auch mit Gesellen und Meistern. Häufig kommt es auch zu einer Identifikation mit dem Betrieb, in dem die Jugendlichen beschäftigt sind. Aus Sicht des Betriebes ist dies von besonderer Bedeutung. Sicherlich, weil zwischen Betriebsinhabern und Mitarbeitern ein besonderes persönliches Verhältnis besteht. Hier sind Mitarbeiter eben keine anonymen Nummern auf Gehaltslisten. Und ich räume gerne ein: Es ist für den Betrieb aus wirtschaftlicher Sicht von besonderem Interesse, wenn seine Auszu-

2.1

bildenden die nötige Reife und Verantwortung an den Tag legen. Immerhin sind in der Regel die Auszubildenden von heute die Fachkräfte von morgen. Gerade die, die von Beginn ihrer Ausbildung an viele Jahre im Betrieb sind, wissen, was wann wie zu tun ist, um den Betrieb auf Kurs zu halten. Sie kennen den Betrieb wie kein anderer, wissen um dessen Besonderheiten, Stärken und Schwächen.

Vor diesem Hintergrund zeigen die Handwerksbetriebe im Rahmen der Ausbildung nicht nur überdurchschnittliches Engagement in quantitativer Hinsicht – das Handwerk bildet dreimal so viel aus wie der Durchschnitt der Gesamtwirtschaft – es überzeugt auch in qualitativer Hinsicht: Neben der Vermittlung der fachlichen Kompetenz nimmt die Vermittlung der sozialen Kompetenzen einen breiten Raum ein.

Allerdings stoßen die Betriebe auch an ihre Grenzen. Immerhin bedarf es eines noch breiter gefassten Bildungshorizonts – über den Tellerrand des Betriebes hinaus.

Insofern hat hier die Berufsschule die Aufgabe, die Ausbildung in den Betrieben zu ergänzen. Grundsätzlich gilt: Die Bildung hat ihren Zweck und soll ihren Zweck haben, allerdings dürfen wir nicht Gefahr laufen, die Bildung zu verzwecken. Immerhin ist die Bildung auch Selbstzweck. Und hier kommt dem Religionsunterricht eine besondere Bedeutung zu.

Was kann/muss der Religionsunterricht in der Berufsschule leisten?

Denn: Bildung hat auch mit „Ein-Bildung" zu tun. Der DUDEN lehrt uns: „Einbildung" und „Einbildungskraft" sind die deutschen Begriffe für Fantasie. Zwar sagt man auch „Einbildung ist auch eine Bildung". Nur wird dieses Sprichwort häufig falsch interpretiert und zwar negativ. Vielmehr ist die Einbildung die Grundlage für die Urteilskraft. Sie ist Grundlage für kreatives Potential, sie ist Grundlage für offenes und innovatives Denken. An dieser Stelle ist der Religionsunterricht von besonderer Bedeutung. Hier ist der eigentliche Ort der Vermittlung von Werten und ethischen Grundsätzen, der eigentliche Ort, an dem methodische Freiheiten zur Selbstfindung eingeräumt werden. Darüber sind wir uns hier wohl alle einig. Allerdings – und diese Einschränkung darf in einer von Offenheit geprägten Diskussion nicht fehlen – gibt es auch andere Meinungen. Auch im Handwerk ist der Religionsunterricht umstritten. Oftmals wird der Wunsch geäußert, dass die Anwesenheitszeit der Auszubildenden in der Berufsschule verkürzt werden solle, um mehr Präsenz im Betrieb sicherzustellen. Auf Platz eins der Streichliste: Der Religionsunterricht.

Was also tun? Auf der einen Seite haben wir die Notwendigkeit, unseren Auszubildenden soziale Kompetenzen zu vermitteln und auf der anderen Seite die Kritiker, die den Religionsunterricht lieber heute als morgen abschaffen wollen.

Die Antwort ist in diesem Fall nicht schwer. Es gilt, die Kritiker von der Win-Win-Situation zu überzeugen, die vom Religionsunterricht ausgeht: Die Vermittlung der sozialen Kompetenz, die allen zu Gute kommt: den Auszubildenden, dem Betrieb, der Wirtschaft und der Gesellschaft. Die erfolgreichste Art zu überzeugen sind nach wie vor gute Argumente. Gute Argumente dafür, was der Religionsunterricht leisten kann und was wir von ihm verlangen dürfen. Im Religionsunterricht können die jungen Menschen Antworten auf Sinnfragen erhalten, die sich im Zuge des komplizierter gewordenen Alltags stellen. Hier ist das Forum, in dem praktische Lebensfragen aus verschiedenen Richtungen beleuchtet werden und dem Schüler seine individuelle Antwort darauf offen lässt.

Diese Art des Lernens muss auch gelernt werden. Während die meisten anderen Schulfächer die Antworten vorgeben, sind im Religionsunterricht die eigene Meinung, das individuelle Bewusstsein, die Lebenserfahrungen und die persönlichen Werte immer Teil der Antwort, die es zu berücksichtigen gilt. Dies macht die Sache so schwierig. In der Mathematik beispielsweise ist der natürliche Logarithmus von 1 immer 0 oder berechnet sich die Fläche eines Rechteckes immer aus dem Produkt von Längs- und Breitenkante. Da spielt die Frage nach dem Sinn des Lebens keine Rolle.

Natürlich kann man jetzt fragen, was die Sinnfrage für eine Rolle spielt, wenn der Auszubildende berechnen muss, wie viel Teppichboden für ein zu renovierendes Zimmer gebraucht wird. In diesem Fall ist die Antwort klar: Für denjenigen, der die Sinnfrage für sich beantwortet hat, der dem Leben offen gegenübersteht, der mitdenkt, der sich für neue Zusammenhänge interessiert, spielt das eine große Rolle. Er ist nämlich nicht nur in der Lage, die Fläche des benötigten Teppichbodens zu berechnen, er kennt auch die Antworten auf die Fragen, welche Teppichböden in Fragen kommen, wie robust sie für welchen Zweck sein müssen, ob sie beschaffbar und verfügbar sind – für den Kunden durchaus wichtige Fragen.

Anforderungen an den Religionsunterricht

Er kann somit den Chef in wichtigen Teilbereichen entlasten. Ein offener, motivierter Geist kann das. Ein genervter, frustrierter Geist kann das nicht. Im Gegenteil: Hier muss der Chef befürchten, dass sein Schützling bei der Flächenberechnung des Teppichs Produkt und Summe verwechselt, was sich betriebswirtschaftlich unter Umständen sehr negativ auswirken kann.

Dieser Aspekt, die Vermittlung von Offenheit, Motivation, Klärung der Sinnfrage usw. muss im Religionsunterricht sichergestellt werden. Hier spielt natürlich die Praxisnähe des Religionsunterrichts in der Berufsschule eine entscheidende Rolle. Lernort Schule und Lernort Betrieb müssen eine Einheit bilden. Voraussetzung dafür sind beispielsweise fortlaufende Weiterbildungen mit Betriebser-

2.1

kundungen der Lehrer. Die Lehrer müssen – um glaubwürdig auf die Welt der Schüler eingehen zu können – selbst die Welt, d. h. die Wirtschaft und die Betriebe, kennen. Nur so ist die Brücke zu bauen zwischen religiösen Anschauungen, Werten, Moral und Ethik und der Realität. Und nur so wird auch die Akzeptanz von Seiten der Schüler sichergestellt. Sie verlangen zu Recht Hinweise bezüglich der Anwendung der christlichen Lehre auf die Realität.

Lehrt das Christentum beispielsweise die Grundsätze Gleichheit und Brüderlichkeit als Leitprinzipien, muss das nicht gleich bedeuten, dass die Auszubildenden aus ihrem Pflichtbewusstsein heraus wichtige Betriebsgeheimnisse an die Konkurrenz weitergeben. Vermeintliche Widersprüche, Zusammenhänge und Verhaltensregeln müssen den Jugendlichen kompetent vermittelt werden. Ein moderner Religionsunterricht mit qualifizierten Berufsschullehren ist dazu in der Lage.

Schlussbemerkungen

Daher sollte die Frage nicht sein, ob wir den Religionsunterricht brauchen, sondern wie wir ihn gestalten. Die Antwort ist: offen, modern, kooperativ, interessant und praxisnah. Wenn es uns auf diese Weise gelingt, im Rahmen der beruflichen Bildung den Kompetenzbegriff nachhaltig zu erweitern um die soziale Kompetenz, steht er nicht mehr im Widerspruch zu seiner Verwertbarkeit. Aus dem Spannungsverhältnis wird Harmonie.

Und dieser ganzheitliche Bildungsansatz ist der Ansatz, der auch im Sinne Roseneggers in der Lage ist, Licht zu spenden, um die Talente der Jugendlichen offen zu legen und fördern.

Lassen wir uns, von dieser Ganzheitlichkeit leiten und reichen den Jugendlichen die Hand.

Ich bin sicher, sie werden nach ihr greifen.

Helmut Rau
Zwischen Berufskompetenz und religiöser Orientierung – zur Zukunft des Religionsunterrichts

Einleitung

„Die Schüler lieben heute den Luxus, sie haben schlechte Manieren, verachten die Autorität, haben keinen Respekt vor älteren Leuten und plaudern, wo sie arbeiten sollten. Sie verschlingen bei Tisch die Speisen, legen die Beine übereinander und tyrannisieren die Eltern." Diese düstere Einschätzung der jungen Generation stammt nicht von einem Soziologen unserer Zeit, sondern wird dem antiken Philosophen Sokrates zugeschrieben, der im fünften Jahrhundert vor Christus in Athen lebte und sich viel Zeit für das Gespräch mit jungen Menschen nahm.

Wie sieht es rund zweieinhalb Jahrtausende später aus? Die Ergebnisse der 14. Shell-Jugendstudie aus dem Jahr 2002 sprechen eine deutliche Sprache. Gefragt nach den wichtigsten Werten für ihr Leben, nannten an erster Stelle 95 Prozent der befragten 14- bis 25-Jährigen Freundschaft, gefolgt von Partnerschaft (92 Prozent), Familienleben (85 Prozent), Eigenverantwortung (84 Prozent), Fleiß und Ehrgeiz (76 Prozent).

Stellt man diese beiden Momentaufnahmen nebeneinander, so schneidet unsere Gesellschaft gar nicht so schlecht ab. Dass soziale Werte wie Freundschaft, Partnerschaft, Familie in der Gunst junger Menschen weit vor Lebensstandard und Macht-Haben rangieren, ist ein gutes Zeichen.
Allerdings nennen nur 38 Prozent der befragten Jugendlichen und jungen Erwachsenen den Gottesglauben als wichtigen Wert für ihr Leben. Das muss zu denken geben. Es ist in unserer Zeit offensichtlich möglich, nicht an Gott als den Schöpfer und Erlöser zu glauben und dennoch Werte, die zum Ur-Kanon des Judentums und des Christentums gehören, wie die Hochschätzung der Eltern und der Familie und die Unverbrüchlichkeit der Ehe, als grundlegend für das eigene Leben zu betrachten.
Hier hat der Religionsunterricht eine wichtige Aufgabe, gerade an beruflichen Schulen, in denen erwachsene junge Menschen unterrichtet werden. Es geht nicht um die Wertevermittlung alleine, sie ist Aufgabe des schulischen Lebens

insgesamt und muss in jedem Fach, sei es Deutsch oder Chemie, Englisch oder Sport im jeweils angemessenen und passenden Rahmen eine Rolle spielen. Im Religionsunterricht jedoch geht es darum, das Thema Werte mit der Basis des Gottesglaubens zu verankern und jungen Menschen in Wort und Tat vor Augen zu führen, dass der Glaube an Gott ein tragfähiges Fundament für das Leben ist.

Das Spezifische des Religionsunterrichts an den beruflichen Schulen

Für den katholischen Religionsunterricht heißt es im Lehrplan daher, dass er in besonderer Weise auf der Grundlage des Evangeliums und geprägt durch reflektierte Tradition nach dem Ganzen und nach dem Sinn des Ganzen, der Welt und des menschlichen Lebens fragt und altersgemäß, schulart- und klassenspezifisch in den Zusammenhang zwischen Leben und Glauben einführt.

Sein Ziel ist es, die religiöse Kompetenz, Weltdeutungskompetenz, ethische Kompetenz, personale Kompetenz, kommunikative Kompetenz, soziale Kompetenz und ästhetische Kompetenz der Schülerinnen und Schüler zu stärken. Aus einer ausgewogenen Entwicklung dieser Kompetenzen erwachsen dann Methoden- und Lernkompetenz.

Der katholische (wie auch der evangelische) Religionsunterricht leistet damit einen exklusiven Beitrag zur Persönlichkeitsentwicklung junger Menschen. Dies ist darin begründet, dass alleine im Religionsunterricht Schülerinnen und Schüler – didaktisch und methodisch reflektiert – an die Gottesfrage herangeführt werden und sich damit auseinandersetzen. Dieser spezifische Beitrag zur Persönlichkeitsbildung verdeutlicht den ganzheitlichen Ansatz des Religionsunterrichts an berufsbildenden Schulen.

Entwicklungen in der Didaktik des Religionsunterrichts

Im neuen Grundlagenplan für den katholischen Religionsunterricht wird angesichts wachsender Projektorientierung, Lernortkooperation und Modulierung der Ausbildungsinhalte eine dezidiert theologische Profilierung zum Gebot der Stunde. Damit versichert sich der Religionsunterricht seiner Identität. Religion ist kein Fach wie jedes andere.

Der Bildungsauftrag der Berufsschule wird im neuen Grundlagenplan als „umfassende Handlungskompetenz" beschrieben. Neben der berufsorientierten Fachkompetenz gehört die Persönlichkeitsbildung, die die Berufspragmatik überschreitet, zu ihrem pädagogischen Aufgabenfeld. Die Sozialkompetenz und insbesondere die Personalkompetenz, zu der die „Entwicklung durchdachter Wertvorstellungen und die selbstbestimmte Bindung an Werte"[1] gehören, hält

KMK-Handreichung 2000.

2.2

ein Aufgabenfeld offen, das kein Fach so gut bearbeiten kann wie ein inhaltlich profilierter, auf das Berufsleben abgestimmter, herausfordernder Religionsunterricht, der sich als Dienst der Kirche an den jungen Menschen in der Vorbereitung auf das Berufsleben versteht.[2]

Grundanliegen des Religionsunterrichts an beruflichen Schulen ist es daher, in einer pluralen und individualisierten Gesellschaft die Gottesfrage zu stellen, einen notwendigen Beitrag zur Allgemeinbildung und zur Entwicklung religiöser Mündigkeit zu leisten sowie ein vertieftes Verständnis christlichen Glaubens und Handelns auch im Dialog mit anderen Religionen zu ermöglichen. Weil er die berufliche Situation der Schülerinnen und Schüler besonders berücksichtigt, unterscheidet er sich deutlich vom Religionsunterricht an allgemein bildenden Schulen.

Angesichts der Modernisierung der beruflichen Bildung stellt sich die Frage, wie auf dem Feld der beruflichen Bildung Qualifikationserfordernisse, berufliche Kompetenz und allgemein bildende Aufgaben so zusammengehen können, dass die gesamte Lebenswelt der Schülerinnen und Schüler Bildungsgegenstand bleibt. Ausbildung ist auch Bildung.

Der Religionsunterricht versteht sich nicht als isolierter Lernort innerhalb des Gefüges beruflicher Schulen, sondern als Teil des größeren Bildungszusammenhanges. Neue religionspädagogische Überlegungen versuchen dementsprechend allgemein bildendes, individuelles und berufsbezogenes Lernen zu verknüpfen. Beruf und Lebenswelt bilden dabei die theologisch und religionspädagogisch relevanten Arbeitsfelder. Dabei gilt:

Religionsunterricht ist **beziehungsorientiert**. Der Unterricht regt an, das eigene Handeln in übergreifenden und beziehungsreichen Zusammenhängen wahrzunehmen. Die eigenverantwortliche Gestaltung des Lebens angesichts privater und beruflicher Herausforderungen bedarf kritisch-stärkender Begleitung.

Religionsunterricht ist **berufsorientiert**. Der Beruf gehört zur Lebenswirklichkeit jugendlicher Auszubildender. Im Religionsunterricht findet eine Auseinandersetzung mit der eigenen Rolle in der Berufsgestaltung, im Erwerbsleben und in der Lebensgestaltung statt. Religionsunterricht ist deutlich auf das Lebensfeld „Arbeit" auszurichten.

Religionsunterricht ist **handlungsorientiert**. Er hilft, in beruflichen und außerberuflichen Lebenssituationen authentisch, angemessen, kritisch, solidarisch und zukunftsoffen zu handeln.

Immanuel Kant hat in seiner Anthropologie darauf hingewiesen, dass Tugenden jedes Mal aufs Neue situationsbezogen aktualisiert werden müssen. Tugend ist „die moralische Stärke in Befolgung seiner Pflicht, die niemals zur Gewohnheit werden, sondern immer ganz neu und ursprünglich aus der Denkungsart hervorgehen soll"[3]. Gerade in einer pluralen Gesellschaft müssen daher Wertvorstellungen und Handlungsmaßstäbe immer wieder neu diskutiert und ausgehandelt werden. Dabei hält der Religionsunterricht das Bewusstsein wach, dass das Leben unverfügbar ist und Menschen aufeinander, auf die Umwelt und auf den Schöpfer angewiesen bleiben.

[3] Weischedel 1983, Bd. 10, S. 437.

Im Religionsunterricht findet Persönlichkeitsstärkung statt, die sowohl die Bedeutung der Selbstständigkeit und Verantwortlichkeit als auch den Umgang mit Scheitern im Leben thematisiert und so eine Perspektive eröffnet, die falsche Leistungsansprüche relativiert und den Zuspruch des Evangeliums zur Sprache bringt.

Nicht nur im allgemein bildenden, auch im beruflichen Bereich ist eine Überarbeitung der Bildungspläne und der Ausbildungsberufe in vollem Gange. Für den Bereich der Berufsschulen steht als Synonym dieses Modernisierungsprozesses die Lernfeldkonzeption der Bildungspläne, mit der sich ein Paradigmenwechsel von fachsystematisch strukturierten Curricula hin zu ganzheitlichhandlungsorientierten Qualifikationsbeschreibungen vollzogen hat. Grundlage für die Gestaltung und Auswahl von Lernsituationen im Unterricht bilden betriebliche Arbeits- und Geschäftsprozesse. Die zu vermittelnden Fertigkeiten und Kenntnisse stehen damit in direktem Anwendungsbezug und knüpfen so an der Erfahrungswelt und Berufsrealität der Auszubildenden an. Das stellt den Religionsunterricht beider Konfessionen vor besondere Herausforderungen.

Da der Religionsunterricht die gesamte Lebenswirklichkeit der Schülerinnen und Schüler und die eigene Fachsystematik im Blick hat, können seine Inhalte nur teilweise in Lernfeldern abgedeckt werden.

Zwischen Berufsorientierung und Orientierung an den Grundsätzen der Religionsgemeinschaften wird ein Spannungsfeld konstatiert. Daraus ergeben sich Fragen, zum Beispiel:

· welche didaktisch-methodischen Konzepte sich für die Verknüpfungen mit beruflichen Handlungssituationen eignen;

2.2

· wie sich in diesem Kontext das spezifische und konfessionelle Profil des ordentlichen Unterrichtsfaches verdeutlichen lässt oder

· in welchem Verhältnis Lebenspraxis und Berufspraxis stehen, wenn ausschließlich in Lernfeldern unterrichtet wird.

Trotz aller Anfragen kann das Lernfeldkonzept dem Religionsunterricht Chancen bieten. Er kann sich auf verschiedene Weise in die beruflichen Handlungsfelder einbringen: als Leitfach einer vorgegebenen Lernsituation, als Beitrag zu einer Lernsituation oder in der Gestaltung einer eigenen Lernsituation mit anderen berufsübergreifenden Fächern. Die Religionslehrkräfte können sich dadurch an der gemeinsamen Unterrichtsplanung beteiligen. Fachinhalte können von der Peripherie ins Zentrum beruflicher Bildung rücken.

Das Institut für berufsorientierte Religionspädagogik

Berufliche Bildung zeichnet sich dadurch aus, dass sie durch den Kontakt mit den außerschulischen Partnern der Wirtschaft immer ein Stückchen näher am Puls der Zeit ist als die allgemeine Bildung. Das ist Chance und Herausforderung zugleich und muss auch für die berufsorientierte Religionspädagogik gelten. Ich halte es daher für einen Gewinn, dass im Jahr 2002 das Institut für berufsorientierte Religionspädagogik an der katholisch-theologischen Fakultät der Universität Tübingen unter der Leitung von Professor Dr. Albert Biesinger und bis vor kurzem mit Unterstützung von Dr. Klaus Kießling seine Arbeit aufnehmen konnte. Es sieht seine Hauptaufgaben in:

· empirischer Forschung zugunsten einer Grundlegung des Religionsunterrichts an berufsbildenden Schulen;

· der Entwicklung von Modellen des Religionsunterrichts an berufsbildenden Schulen;

· der Konzeption von Ausbildungsmodellen für Religionslehrer/innen an berufsbildenden Schulen;

· einem Transfer dieser Modelle in Praxisfelder beruflicher Bildung;

· der Sicherung der Nachhaltigkeit der Arbeit des Instituts.

Das Kultusministerium begrüßt es sehr, dass sich die katholische Kirche und die katholisch-theologische Fakultät der Universität in dieser wichtigen Sache engagieren. Angesichts der Nachwuchsprobleme ist die Förderung und Unterstützung der Ausbildung im Doppelwahlpflichtfach katholische Theologie im Rahmen der Studiengänge für das Lehramt an beruflichen Schulen eine besonders drängende Aufgabe. Aber auch in die Weiterentwicklung des katholischen Religionsunterrichts an berufsbildenden Schulen im Allgemeinen und hinsichtlich der Didaktik und Methodik im Besonderen (wie etwa neue Unterrichtsformen, Einsatz neuer Medien) und in die Unterstützung der Religionslehrerinnen und -lehrer durch eine auf die Unterrichtswirklichkeit ausgerichtete Arbeit des Instituts setze ich große Hoffnungen.

Schluss

Der evangelische Religionspädagoge Karl Ernst Nipkow hat einmal festgestellt: „An sich könnte die in der Jugendzeit potentiell aufbrechende Sinnfrage, jetzt nicht mehr bezogen auf einzelnes, sondern auf das Ganze des Lebens, die zweite große Gelegenheit nach der Kindheit werden, Gott kennenzulernen."[4] Hier hat der Religionsunterricht in beruflichen Schulen seine Aufgabe. Es kann uns als Christen nicht befriedigen, wenn junge Menschen die Sinnerfahrungen ihres Lebens mit materiellen Werten oder vagen spirituellen Gruppen verbinden. Ich bin überzeugt davon, dass der Religionsunterricht in den beruflichen Schulen hier Wertvolles zu leisten vermag und danke allen, die sich Tag für Tag darum bemühen, jungen Menschen eine Perspektive im Glauben zu bieten.

[4] Nipkow 1987, S. 49.

Literatur

BIRK, GERD: Religionsunterricht in der Sek. II (Berufsschule), in: BITTER, GOTTFRIED / ENGLERT, RUDOLF / MILLER, GABRIELE / NIPKOW, KARL ERNST (Hrsg.): Neues Handbuch religionspädagogischer Grundbegriffe, München 2002. (Zitiert als: Birk 2002)

KMK-Sekretariat der Ständigen Konferenz der Kultusminister der Länder in der Bundesrepublik Deutschland (Hrsg.): Handreichungen für die Erarbeitung von Rahmenlehrplänen der Kultusministerkonferenz (KMK) für den berufsbezogenen Unterricht in der Berufsschule und ihre Abstimmung mit Ausbildungsordnungen des Bundes für anerkannte Ausbildungsberufe, Neuwied 2000. (Zitiert als: KMK-Handreichung 2000)

NIPKOW, KARL ERNST: Erwachsenwerden ohne Gott? Gotteserfahrung im Lebenslauf. München 1987. (Zitiert als: Nipkow 1987)

WEISCHEDEL, WILHELM (Hrsg.): KANT, IMMANUEL, Werke in 10 Bänden, Darmstadt 1983. (Zitiert als: Weischedel 1983)

Klaus Kießling
Beruf, Religiosität, Persönlichkeit – Auszubildende im O-Ton. Ergebnisse einer bundesweiten empirischen Untersuchung

Jugendliche im Berufsvorbereitungsjahr, Kochlehrlinge, Wirtschaftsgymnasiastinnen, angehende Metaller und Sozialassistentinnen stellen sich im Religionsunterricht an berufsbildenden Schulen vielfältigen Lebensfragen. Sie setzen sich mit Positionen auseinander, die ihre Herkunftsfamilie, Lehrkräfte, Mitschülerinnen und Mitschüler dazu einnehmen. Es kommt ihnen darauf an, dass sie in dieser Vielstimmigkeit und aus mancher Fremdbestimmung heraus **zur eigenen Stimme finden**, um im Leben und im Beruf bestehen zu können.

Wie aber können Schülerinnen und Schüler zur eigenen Stimme finden? Welche Religionsstile pflegen sie? Was erwarten sie vom Religionsunterricht an einer berufsbildenden Schule? Und in der Rolle der Religionslehrerin oder des Religionslehrers: was würden Jugendliche als erstes ändern? Würden sie etwas vermissen, wenn es an ihrer Schule keinen Religionsunterricht mehr gäbe?
Erinnern sich Lehrerinnen und Lehrer an eine richtig gute Religionsstunde aus ihrer eigenen Schulzeit? Worin sehen Lehrende heute ihre vorrangige Aufgabe? Was wollen sie ihren Jugendlichen unbedingt mitgeben? Welche Chancen räumen sie religiösem Lernen an berufsbildenden Schulen ein, welchen Hindernissen ist es ausgesetzt? Welche Unterstützung brauchen Lehrerinnen und Lehrer nach eigenem Bekunden?

Angesichts einer empirisch-religionspädagogisch dürftigen Forschungslage zu beruflicher Bildung setzte ich beim Umkreisen dieser Leitfragen auf qualitative Strategien, also auf die Erschließung von Zusammenhängen religiösen Lernens an berufsbildenden Schulen. Die Ergebnisse dieser ersten bundesweiten Untersuchung lege ich gern vor. Zunächst skizziere ich mein Vorgehen im Forschungsprozess. Daraus hervorgegangene Resultate präsentiere ich zum einen exemplarisch, zum anderen bündelnd, und zwar so, dass dem Forschungsgang, wie ich hoffe, praktische Schritte folgen können.

1. Forschungsgang

Quantitativer Forschung ist zwar etwas Verführerisches eigen, da in vergleichs-
weise kurzer Zeit weite Personenkreise erreicht und einmal erstellte Fragebögen
rasch und computergestützt ausgewertet werden können – jedoch mit dem
Nachteil, dass lediglich in diesen Bögen schon vorgegebene Inhalte gesichtet
und gewichtet werden, kaum aber neue Qualitäten aufkommen können. Dazu
braucht es Interviews mit Schülerinnen und Schülern sowie mit ihren Lehrerinnen und Lehrern – mit dem Ziel, ein möglichst breites Spektrum von im Forsch-
ungsfeld möglichen Konstellationen aufzutun. Datenerhebung, –aufbereitung
und –auswertung führen erfahrungsgemäß zu Resultaten, die inhaltlich so klar
konturiert sind, dass sich daraus in einem weiteren Forschungsschritt auch
quantitative Untersuchungsinstrumente entwickeln lassen.

Die mit teilstrukturierten Interviews gegebene Form der Gesprächsführung er-
laubte einerseits die erforderliche Thematisierung der einleitend genannten
Fragestellungen und andererseits ein ebenso unerlässliches heuristisches Vorgehen, das in dieser Pilotforschungsphase innovativ wirken sollte.

Bundesweit habe ich 140 Personen befragt, je zur Hälfte Lehrende und Lernende
– im Umfang von jeweils minimal 50 und maximal 150 Minuten. Auf Tonbändern
sind die Gespräche aufgezeichnet, Mitarbeiterinnen und Mitarbeiter am Institut
für berufsorientierte Religionspädagogik hatten sie vollständig transkribiert,
bevor sie der Auswertung nach bewährten sozialwissenschaftlichen Methoden
zugeführt wurden. Aus jeder dieser 140 Auswertungen habe ich schließlich ein
Einzelporträt entwickelt.

Bei aller Vielfalt der Persönlichkeiten, bei aller Widersprüchlichkeit ihrer Anga-
ben verbindet sie eine für mich beeindruckende Ernsthaftigkeit im Umgang mit
den Fragen, mit denen ich sie konfrontierte, und zwar von beiden Seiten: sowohl
auf der Seite der Lehrkräfte – wohl aus Gründen der Wertschätzung dafür, dass
das Interesse wissenschaftlicher Religionspädagogik nicht mehr nur Gymnasien
und vielleicht Grundschulen gilt – als auch auf der Seite der Jugendlichen, die
wohl die Chance witterten, sich und das eigene Ringen mit bohrenden Fragen in
geschütztem Rahmen einem unabhängigen Menschen anvertrauen zu können:
Harte Fragen waren das, aber ich bin saufroh, dass ich mitgemacht hab' ... – so
lautete eine typische Rückmeldung nach oft auch für mich eindrücklichen Begegnungen, an die ich mich nicht nur darum erinnere, weil mancher Schüler mit
Schlagringen anrückte.

Exemplarisch soll zunächst ein Auszubildender zu Wort kommen. Im Anschluss
daran lege ich eine Bündelung der Untersuchungsergebnisse vor, und zwar im
Sinne von Qualitäten, die in unterschiedlicher Tönung sowohl bei Lehrkräften als
auch bei Jugendlichen anklingen und von mir in Thesen gefasst wurden. Ich

werde Lehrende und Lernende weiterhin gern im Originalton einblenden, sofern deren Aussagen eine Typik innewohnt, die in ihrer Trefflichkeit mit nüchternen Paraphrasierungen meinerseits nur unterboten werden könnte.

2. Beruf, Religiosität, Persönlichkeit – zum Beispiel Jochen

Jochen, 19 Jahre, katholisch, besucht ein westdeutsches Berufskolleg.

Also ich nehme eigentlich alles so ziemlich hin, wie es kommt, wenn es Knall auf Fall kommt, kommt es halt so, und wenn es dann 'mal nicht so schön ist, ist es halt so. Jochen erzählt aber auch, wie sich Wertigkeiten in seinem Leben verschoben haben. **Früher, wenn einer gefragt hat: „Was ist das Wichtigste im Leben?", hab' ich meistens immer gesagt: „Geld und Beruf". Und heute? Ich brauch' nicht viel im Leben. Solange ich einigermaßen ohne Krankheit durchs Leben gehe, bin ich schon froh.** Dazwischen liegt das Sterben seines Großvaters, das er begleitete und das ihn stark prägte.
Es gibt so viele Dinge, die einem das Leben schwer machen, Krankheiten oder so, wo ich sage: „So sinnvoll ist das nicht." Und das Einzigste, was das Leben für mich sinnvoll macht oder wo es mir Freude macht, unbeschwert durch den Alltag zu gehen, ist halt ... die Liebe und die Freundin. Aber so einen richtigen Sinn in dem Leben sehe ich eigentlich nicht. Da hoff' ich eigentlich, dass danach irgendwas kommt.
Jochen glaubt, **dass es irgendwie geschätzt wird, wie man sich hier verhalten hat.** Gute Menschen, so meint er, zeichnen sich durch den Respekt aus, den sie ihren Mitmenschen und ihrer Umwelt entgegenbringen, und religiöse Menschen **verhalten sich auf der Welt so, wie es sich gehört, weil sie glauben, dass da eine höhere Macht ist.** Jochen versteht sich als religiös, **weil ich meine, dass da irgend jemand ist, und ich irgendeinen Kontakt suche.**

Zum Religionsunterricht gehören die Vermittlung grundlegender Inhalte, **was im Testament drinsteht**, wie Jochen formuliert, und Diskussionen. Mit der Religionslehrerin bin **ich so ganz zufrieden, weil sie geht sehr auf aktuelle Sachen ein, sie läßt also kein Tabu aus ..., und weil sie dann auch kontroverse Fragen 'reinwirft und die Leute auch so ein bißchen ins Schlingern bringt, dass man sich dann wirklich auseinandersetzt ... mit Fragen, die ja auch alltäglich mit Religion und Glauben zu tun haben.** Hauptthemen sind für Jochen existentielle Fragen, etwa nach Krankheit und Tod, sowie politische Konflikte und Probleme einer multikulturellen Gesellschaft.
Jochen zeigt kein Interesse daran, im Religionsunterricht religiöses und berufliches Lernen miteinander zu verknüpfen. Er sieht aber deutliche Zusammen-

hänge zwischen Glauben und Arbeiten. Offenbar will er einer beruflichen Verzweckung der Religionsstunden entgegenwirken. Zugleich zeigt er sich überzeugt, dass das Erlernen kommunikativer und sozialer Kompetenzen dem beruflichen Leben zugute kommen wird: **Religionsunterricht ist eigentlich in dem Sinne
kein Unterricht, sondern eigentlich mehr eine Gesprächsrunde, wo man sich aus-
tauscht und Sachen über andere erfährt und eigentlich der Unterricht sehr, sehr
locker ist … und ich das eigentlich ganz wichtig finde, weil das eigentlich das einzigste – hört sich vielleicht doof an – soziale Fach ist, was man eigentlich in der Schule
hat. Deswegen denk' ich auch, um das Gefühl zwischen den Schülern zu verbes-
sern, ist das wichtig.**

Diesem Einblick in Jochens Welt folgt eine Zusammenstellung der Ergebnisse
aus allen Interviews.

3. Bündelung der Ergebnisse zu Thesen

Am Anfang war und ist Beziehung, zunächst die Lehrer-Schüler-Beziehung.
Beziehung genießt Priorität – nicht weil Inhalte unwichtig wären, sondern weil
Beziehung erst die Spuren legt, auf denen Inhalte transportiert und verhandelt
werden können. Lehrkräfte versuchen Besinnungstage und Kompaktveranstal-
tungen außerhalb des Schulgebäudes anzubieten, um in anderer Umgebung
jenseits des 45-Minuten-Zeitdiktats mit ihren Jugendlichen in Beziehung treten
zu können. **So kann ich ohne Verbissenheit Zeuge meines Glaubens sein und meinen Humor bewahren – trotz allem**, so ein Lehrer im Originalton.
Beziehung ist aber auch Beziehung der Lehrenden zu sich selbst: Sie umschreiben sie als Authentizität, als Stimmigkeit, als Kongruenz von Wort und Tat, als
Glaubwürdigkeit aus dem Glauben, als Auseinandersetzung mit der Frage: **Kann
ich vertreten, was ich verkaufe?** Dabei werden die befragten Lehrkräfte als Vorbil-
der beansprucht – von ihren Schülerinnen und Schülern, die ihrer Not Ausdruck
geben, dass es ihnen an einem erwachsenen Gegenüber, an Personen, die
ihnen Orientierung sind, an einem sicheren Felsen mangelt. Ich denke an eine
Jugendliche, bei der ich mich danach erkundige, ob sie den Religionsunterricht,
wenn er entfiele, vermissen würde: **Wenn ich Fragen hätte, an wen sollte ich mich
dann noch wenden?**
Solche Beziehungsgestaltung fördert schließlich die Beziehungen von Schülerinnen und Schülern untereinander: In keiner Schulform ist die Heterogenität der
Klassenzusammensetzung ähnlich groß – etwa im nach oben hin zunehmenden
Altersspektrum, in der nationalen sowie in der religiösen Zugehörigkeit, in der
regionalen Herkunft mitsamt ihren eher städtischen oder eher ländlichen Prägungen, oft auch in den Ausbildungszielen. So tut die Förderung von Beziehung-

en der Schülerinnen und Schüler untereinander besonders Not – und besonders gut, methodisch oft dank der Entwicklung einer Diskussionskultur, wie sie exemplarisch Jochen schildert.

Erste These: Die Qualität des Religionsunterrichts resultiert primär aus der Qualität der darin lebendigen Beziehungen: der Lehrkräfte zu sich selbst, zwischen Lehrenden und Lernenden, schließlich der Schülerinnen und Schüler untereinander.

Es folgen Lernintentionen und Unterrichtsthemen, die sowohl Lernende als auch Lehrende vorrangig nennen.

Ganz oben rangiert nach wie vor die Absicht, der Frage nach dem Sinn des Lebens nachzugehen – und damit einhergehend die Einsicht, dass sich der Sinn etwa einer Lebenskrise allenfalls im Nachhinein erschließt, wenn überhaupt. Die Sinnfrage stellt sich insbesondere in Auseinandersetzung mit Leid, Tod, Unfalltod, Suizid, Leben nach dem Tod, Himmel und Hölle; mit Krieg und Frieden, Gott und Gewalt, Gewalt in der Schule und in der Familie. Heranwachsenden ist der Religionsunterricht oft der einzige Raum für existentielle Themen wie diese. Sie betonen eigens, wie wichtig es ihnen vorkommt **das mitzubekommen, wie Mitschüler denken**, um sich selber positionieren zu können.

Eine zweite Absicht besteht darin, soziale Werte und Normen kennen zu lernen und im Lebensraum Schule einzuüben. Denn wertlos bleibt ein Wertegeländer, das lediglich als theoretisches Gerüst in Erscheinung tritt. Seinen Wert gewinnt es erst, wenn es Jugendlichen die praktische Gewissheit eines tragfähigen Halts bietet und ihnen im Ernstfall auch Einhalt gebietet. Diese Lernintention verfolgen nicht nur Lehrende, sondern auch die Heranwachsenden selbst. Dass letztere einem Werteverfall erlegen seien, lässt sich für den von mir befragten Personenkreis empirisch nicht belegen. Ihre nahezu heiligen Stichworte sprechen dagegen: Ehrlichkeit und Offenheit; Respekt und Akzeptanz; Solidarität und Freundschaft; Fairness; Toleranz – insbesondere in den östlichen Bundesländern; Bindung an die Herkunftsfamilie trotz allem – trotz allem deshalb, weil viele Jugendliche ihre Familie nicht als gute Kinderstube, sondern als Tatort schildern.

Zu lernen, gegen Ungerechtigkeiten in der Welt einzutreten, halten auch solche Jugendliche für eine wichtige Aufgabe des Religionsunterrichts, die sich selbst als konfessionell ungebunden, als fernstehend oder atheistisch bezeichnen.

Wachsendes Interesse findet bei Lernenden und Lehrenden gleichermaßen das Ziel, Kenntnisse verschiedener Religionen zu erlangen. Bekannt ist dieses Phänomen bei Menschen, die in einer christlichen Kultur sozialisiert wurden und sich aufgrund ihrer vielfältigen Präsenz für den Islam und asiatische Religionen interessieren, insbesondere für das Motiv der Wiedergeburt, das in seiner Bedeutung, die es in Europa gewinnt, allerdings seinem ursprünglichen Sinnzusammenhang diametral entgegengesetzt ist.

Über diese bereits vertrauten Entwicklungen hinaus zeichnet sich jedoch ein Interesse an fremder Religiosität auch in anderer Konstellation ab, nämlich bei Heranwachsenden in den neuen Bundesländern gegenüber dem Christentum. Westliche Religionslehrerinnen und –lehrer erleben ihre Arbeit oft als biographisch letzten Kontakt ihrer Klassen mit Kirche. Religionsunterricht an berufsbildenden Schulen des Ostens dagegen sorgt für eine biographisch erste Berührung mit Kirche. Für diese Region äußert sich ein Lehrer wie folgt: **Also das Wichtigste ist, dass die Schülerinnen und Schüler Religion und Religiosität als humane, elementare Dimension des Daseins oder des Lebens begreifen. Dass sie ihren religiösen Analphabetismus überwinden. Dass die wenigen getauften Schülerinnen und Schüler jegliche Form von Minderwertigkeitsgefühl abzulegen in der Lage sind … . Und ungetaufte Schülerinnen und Schüler eine Toleranz entwickeln für das Religiöse ihrer Mitmenschen.**

Damit klingt bereits eine weitere Lernintention an: nämlich die christliche Religion zu verstehen – als eigene, wie auch als fremde. Themen wie Jesus Christus, Kirche und Bibelkunde gelten weitgehend als unbeliebt – oft aber wohl aufgrund unzureichender Didaktik. Manche Lehrkräfte erzählen in ihren Worten biblische Geschichten nach, so an passender Stelle diejenige von David und Goliath, und ernten nicht selten starke Resonanz: **Das is' ja eine starke Story! Wo haben Sie denn die her?**

Zweite These: Die vorrangige Intention Lehrender und Lernender liegt darin, der Frage nach dem Sinn des Lebens nachzugehen, insbesondere angesichts existentieller Herausforderungen und leidvoller Erfahrungen der Jugendlichen. Sie legen aber auch großen Wert darauf,
- **soziale Werte und Normen kennen zu lernen und bereits im Lebensraum Schule einzuüben;**
- **gegen Ungerechtigkeiten in der Welt einzutreten;**
- **Kenntnisse verschiedener Religionen zu erlangen, und zwar aus Interesse an fremder Religiosität, auch am regional unbekannten Christentum, sowie**
- **sich im Konzert verschiedener Religionen und Überzeugungen zu positionieren und dazu zu bekennen.**

Schließlich bringen einige der Befragten als wichtiges Anliegen die Lernintention vor, die christliche Religion zu verstehen, als eigene wie als fremde.

2.3

Eine für berufsbildende Schulen spezifische Lernintention liegt darin, Zusammenhänge zwischen Religionsunterricht und beruflichem Lernen zu entdecken. Religionsunterricht an berufsbildenden Schulen stößt bei Industrie und Handwerk mitunter auf Unverständnis. So spricht ein in Ausbildung zum Koch befindlicher Jugendlicher mit seinem Hotelchef darüber, dass an seiner Schule Fachunterricht in Küchenhygiene zugunsten des Religionsunterrichts gestrichen wurde: Ich habe es meinem Chef erzählt, und er war völlig empört. Er hat gesagt: „**Lernt Ihr jetzt … ordentliche Katholiken zu sein oder lernt Ihr Koch zu sein?**" Auch Lehrende und Lernende stehen der Absicht, religiöses und berufliches Lernen gemeinsam anzugehen, oft zurückhaltend gegenüber – jedoch aus anderen Gründen als der genannte Küchenchef: Der Religionsunterricht darf aus der Sicht der Lehrkräfte nicht auf ein berufliches Ziel hin zugerichtet werden, religiösem Lernen komme vielmehr ein Eigenwert zu, den es nicht erst in beruflichem Zusammenhang gewinne; im Originalton:

Religionsunterricht ist Lebensschule!

Zielperspektive ist nicht der Beruf, sondern der Mensch!

Religionsunterricht ist ein anderes Fach, das nicht nur dem Kopf Nahrhaftes bietet!

Und Schülerinnen und Schüler äußern sich ähnlich:

Der Religionsunterricht ist das einzige Fach, das nicht berufsorientiert, wirtschaftsorientiert, gewinnoptimierend ist!

Eine gute Abwechslung zum tristen Alltag!

Eine Entspannungsstunde!

Anders verhalten sich die Einschätzungen bei Lehrenden und mehr noch bei Lernenden in sozialen Berufszweigen, wenn religiöse Motivationen eine wichtige Rolle spielen oder wenn religiöse Fragestellungen zum Arbeitsauftrag gehören, etwa in der Kindererziehung oder in der Sterbebegleitung: Berufsorientierte Rollenspiele und Praxisübungen sind im Religionsunterricht dann sehr willkommen; als Lehrer an einer Krankenpflegeschule habe ich selbst damit unvergessliche Schulstunden zugebracht.

Ganz anders urteilen Lehrende und Lernende, wenn sie nicht nach der Berufsorientierung des Religionsunterrichts, sondern nach dem Zusammenhang von Glauben und Arbeiten gefragt werden. Ein solcher findet Interesse: Fragen nach dem Umgang mit späteren Kolleginnen und Kollegen werden laut, nach Selbstverantwortung und Berufsethik, nach Mobbing in der Schule und am Arbeitsplatz, nach der theologischen Würde der Arbeit und der Menschen ohne Arbeit, nach „job hopping", Flexibilität und Mobilität, die es braucht, wenn keine feste Stelle in Aussicht steht, sondern bestenfalls ein Dasein als Projektnomade – und auch dies nur nach dem Erwerb der Kompetenz, selbstorganisiert zu lernen. Es gibt nicht nur die vielgescholtenen hedonistischen Schlaffis, diejenigen, für die es unvorstellbar wäre, ihre Heimatregion zu verlassen, sondern auch diejenigen Jugendlichen, die große Bereitschaft zeigen, Umlernprozesse und berufliche Neuanfänge anzugehen.

Worauf also zielt religiöses Lernen: auf berufliche Zusammenhänge, auf Persönlichkeitsbildung, auf das soziale und gesellschaftliche Umfeld der Jugendlichen? Die meisten Lehrkräfte sehen die Persönlichkeitsbildung als primäre Wirkung religiösen Lernens – zum einen angesichts der Phase der Ablösung der Jugendlichen aus ihrer Herkunftsfamilie, zum anderen in der Überzeugung, dass Persönlichkeitsbildung auch der Qualifizierung für den Arbeitsmarkt sowie dem sozialen und gesellschaftlichen Anspruch des Religionsunterrichts zugute kommt. Mit anderen Worten geht es zuerst darum, religiöses Lernen pubertätstauglich zu gestalten – und unter dieser Voraussetzung auch um dessen Gesellschafts- und Berufsbezug!

Dritte These: Religiöses Lernen duldet keine berufliche Verzweckung, spielt aber auf dem indirekten Weg der Persönlichkeitsbildung mit beruflichem Lernen zusammen, insbesondere in der Auseinandersetzung mit der theologischen Würde der Arbeit und der Menschen ohne Arbeit.

Eine für Lehrende und Lernende eminent wichtige Qualität lässt sich mit dem Begriff Seelsorge umschreiben – eine Qualität, die ich nicht meinerseits angefragt habe, sondern die dank der qualitativen Forschungsstrategie zum Tragen kommen konnte und an berufsbildenden Schulen offenbar massiv zum Tragen kommt. Schülerinnen und Schüler brauchen Anlaufpersonen und suchen bei ihnen vor allem Verständnis – angesichts ihres oft negativen Selbstbildes, ihrer Beziehungsprobleme, ungewollter Schwangerschaft, Alkoholismus, Gewalt in der Familie, Arbeitslosigkeit, Sinnleere, seelischer Belastungen, depressiver Erkrankungen und Suizidalität ihrer selbst oder ihrer Nächsten. Diese Themen gehören für manche in den Unterricht, für manche in Einzelgespräche – mit dem Ziel der Betroffenen, Vertrauenspersonen zu finden und Niederdrückendes ausdrücken zu können, sowie mit dem Ziel der Lehrkräfte, Brücken zu Beratungsstellen zu bauen und das beschädigte Selbstwertgefühl der Jugendlichen zu stärken: **Was ich meinen Schülern unbedingt mitgeben will? Da fällt mir als erstes ein: Selbstwertgefühl. Weil wir doch viele Schüler haben, die meiner Meinung nach sehr stark leiden, auch wenn sie es versuchen zu verdecken: ein sehr negatives Selbstbild, kaum Anerkennung, weder im Betrieb noch in der Familie.**
Als dramatisch empfinden viele Lehrerinnen und Lehrer daher die Situation, dass ihnen kaum alle ihre Schülerinnen und Schüler bekannt sind, sofern sie ausschließlich Religion unterrichten, und für Einzelgespräche kaum Zeit bleibt, wenn sie solchen Bedarf überhaupt erkennen. Zugleich sind Lehrkräfte gerade

2.3

in der Schulseelsorge stark mit ihren Grenzen konfrontiert, denn auch sie können **nicht heilen, was familiär oder sonst gesellschaftlich versaut worden ist.**

Seelsorge geschieht auch gegenüber Kolleginnen und Kollegen.

Vierte These: Religionslehrerinnen und –lehrer wirken innerhalb und außerhalb des Unterrichts als Seelsorgerinnen und Seelsorger, vorrangig ihrer Schülerinnen und Schüler, aber auch ihrer Kolleginnen und Kollegen.

Nachfolgend skizziere ich die Religiosität von Lehrenden und Lernenden in ihrer Bedeutung für das Unterrichtsgeschehen.

Das Ringen der von mir befragten Lehrkräfte um ein authentisches Zeugnis als Kundschafter, als Kundschafterin ihres Glaubens, als „confessor" lässt sich in folgenden Fragen verdichten: Wie bringe ich mich in das Unterrichtsgeschehen ein? Wie bleibe ich mir selbst treu? Wie elementarisiere ich meine theologische Kunde so, dass sie nicht auf taube Ohren stößt, sondern die Klasse dazu ermutigt, sich selbst einzubringen und sich selbst kundig zu machen? Wie bleibt solche „Selbst-kund-gabe", solches „Sich-geben" nicht nur ein religionsdidaktisches Konzept des Lehrers und der Lehrerin, wie wird es vielmehr zu einem wechselseitigen Prozess unter Schülerinnen und Schülern? Lehrkräfte, die ihre eigene Konfessionalität auch in ihrer Bedeutung für die Unterrichtsgruppe als Stärke wahrnehmen, äußern sich wie folgt: **Da können die sich dran reiben, und in Sternstunden ringen sie miteinander um Positionen zu Lebensthemen.**
Vielen Lehrkräften liegt zudem an Brücken zwischen Schule und Kirchengemeinde, auch an Brücken zwischen Religionsunterricht und liturgischem Geschehen.

Im Horizont ihres religiösen Selbstverständnisses stoßen sie Lehr-Lern-Prozesse an, die sie bevorzugt umschreiben als emotional und sozial, als mystagogisch und zugleich diakonisch, konkret als **Chance, ein wenig Lebensmut und Lebenstüchtigkeit zu entwickeln,** schließlich als interkulturell: Bekenntnisbedingte Grenzen zeichnen sich weniger deutlich zwischen verschiedenen christlichen Konfessionen ab, sondern in wachsendem Maße zwischen Christentum und Islam.
Konfessioneller Religionsunterricht erfolgt angesichts geringer Katholikenzahlen oder mangels Lehrkraft oft jahrgangs- und insbesondere berufsübergreifend: Da sind die Arzthelferinnen, die sich für Sterbebegleitung interessieren, und da sind die Zimmerer, die sich zumindest für Kirchenarchitektur begeistern lassen. Wie aber lässt sich der Unterricht gestalten, wenn beide Gruppen plötzlich nicht mehr getrennt, sondern gemeinsam in Religion unterrichtet werden?

Die Heterogenität der Schülerschaft nimmt aber ebenfalls zu, wenn katholischer Religionsunterricht im Klassenverband erfolgt, auch mit **expliziten Atheisten, die nicht als Störfaktor drin waren, sondern wirklich als anregende Gesprächspartner.** Allerdings läßt sich die Konfessionalität des Unterrichts dann oft nurmehr an der Konfession der Lehrkraft, nicht aber an der Zusammensetzung der Klasse erkennen. Dort treffen Jugendliche, die, wie sie sagen, ein **freundschaftliches Verhältnis zu Gott pflegen** und sich eine spirituelle Vertiefung ihres Lebens erhoffen, zusammen mit Heranwachsenden, die eine katholische Schule lediglich wegen ihres guten Rufs aufsuchen, auch mit jenen, die an früher besuchten Schulen schlechte Erfahrungen mit dem Religionsunterricht gesammelt haben und darin nun nach eigenem Bekunden nur **abgammeln** wollen und **sich beschallen lassen.**

Und doch: Kirchlich engagierten ebenso wie nur formal gebundenen und ungetauften Jugendlichen gemeinsam ist eine religiöse Suchbewegung, die sich etwa im Interesse an meditativen Übungen und in Hoffnungen auf ein Leben nach dem Tod manifestiert. Dieses Motiv des Suchens und Fragens lässt sich religionspädagogisch am ehesten mit der sogenannten „quest"-Dimension von Religiosität identifizieren, einer Gestalt des religiösen Lebens, das mit der Dynamik einer Frage bei ausbleibender Antwort besser zurecht kommt als mit der Rigidität einer Antwort bei ausbleibender Frage. Jugendliche zeigen Interesse an religiösen Erfahrungsräumen, wenn diese klar strukturiert und zeitlich begrenzt sind, etwa in Form von Meditationsübungen, von kommunikativer Selbst- und Fremdwahrnehmung. Methodisch kommen solcher Religiosität ferner entgegen die Gestaltung des Religionsunterrichts als Diskussionsforum, die Einladung von Vertreterinnen und Vertretern anderer Religionen in den Unterricht, sofern sie daran nicht ohnehin mitwirken, sowie „team teaching" – eine Praxis gemeinsamer, insbesondere konfessionell kooperativer Unterrichtsgestaltung, die bei den darin erfahrenen Lehrenden und Lernenden großen Zuspruch findet.

Fünfte These: Die religiöse Heterogenität einer suchenden und fragenden Schülerschaft verlangt nach methodischer Kreativität und einer Beziehungsdidaktik, die Religionsunterricht – zumindest im Ansatz – zu einem Ort wechselseitiger Selbstkundgabe werden lässt. Seine Konfessionalität hängt oft an der Konfessionalität allein der Lehrenden.

Ich komme zum Bedarf an Aus-, Fort- und Weiterbildung, den Lehrkräfte anmelden. Dieser richtet sich vorrangig auf die möglichst multimediale Bereitstellung von möglichst brandneuen Materialien zu möglichst hochaktuellen Themen, ausgestattet mit methodischen Hinweisen, die keinen Lehrer binden, aber jeden orientieren, und einem Basiswissen, das ebenso umfassend wie überschaubar zusammengestellt ist, abrufbar am besten unter einer keiner Schülerin und keinem Schüler, aber allen Lehrkräften bekannten und zugänglichen elektronischen Adresse.

Daneben setzen die von mir befragten Lehrkräfte auf das Vertrautwerden mit ihnen zunächst fremden Unterrichtsmethoden, etwa zur Gestaltung von Meditationsübungen, angesichts ihrer mitunter erschütternden Herausforderungen als Seelsorgerinnen und Seelsorger auf psychologische Grundkenntnisse, auf praktische Angebote zum Konflikttraining und ganz massiv auf Supervision – zur Selbstreflexion und zur Sicherstellung der eigenen Authentizität, zur Klärung der eigenen Rolle sowie von Interaktionen innerhalb und außerhalb des Klassenzimmers, zur Erlangung von Orientierung und Deutungssicherheit im seelsorglichen Umgang mit Jugendlichen, wenn etwa die schulische Auseinandersetzung mit dem barmherzigen Vater zu einer bewegten und bewegenden Rückmeldung führt: **Ich kann das alles nicht glauben, weil ich nicht so einen Vater gehabt habe!**

Sechste These: Lehrende melden vielfältige Aus-, Fort- und Weiterbildungswünsche an, vor allem starken Supervisionsbedarf. In hohem Maße fragen sie auch nach Angeboten zum mystagogischen Lernen sowie zu Theorie und Praxis von Psychologie und Seelsorge.

4. Weitere Schritte

Damit zeichnen sich einige Konsequenzen ab, die sich aus diesem Forschungsgang ziehen lassen. Um die Weiterentwicklung von Religionsdidaktik an berufsbildenden Schulen zugunsten von Selbstkundgabe voranzutreiben, braucht es – ich nenne zehn Punkte –

(1) **weitere empirische Untersuchungen**, die diese Thesen festigen oder modifizieren können;

(2) **Unterrichtsforschung**, die das Binnengeschehen des Unterrichts fokussiert – etwa auf gelungene und misslungene Sequenzen der Selbstkundgabe hin;

(3) religiöse Bildung unter **Rahmenbedingungen**, die diakonisch-mystagogische Lernprozesse in kulturell pluraler Welt überhaupt zulassen und erlauben, dass Beziehung als deren erster Inhalt spürbar wird;

(4) die Entwicklung und leicht zugängliche Bereitstellung multimedialer **Unterrichtsmaterialien**;

(5) die Stärkung des **Eigenwerts religiösen Lernens**, welches auf eine Theologie der Arbeit setzt – und Arbeit zu haben hat für Jugendliche Vorrang vor einem Beruf –, auf den Umgang mit Menschen-Bildern und in diesem Sinne auf Bildung: Gewinnt nicht auch die Wirtschaft, wenn sie Mitarbeiterinnen und Mitarbeiter gewinnt, die sich mit den großen Sinn-Themen des Menschseins und der Gesellschaft reflektiert auseinandersetzen können?;

(6) **Aus- und Fortbildungsangebote** – jeweils in der Mischung von Grundwissen und praktischem Einüben, so dass Lehrende als Lernende die Prozesse erleben können, die sie im Unterricht initiieren wollen, und mit innovativen Methoden vertraut werden;

(7) die Weiterentwicklung eines Konzepts von **Supervision** – mit der Vision einer diakonischen Schulkultur;

(8) **Kirchen**, die weiterhin unmissverständliche Optionen für Jugendliche und deren Zukunft setzen und dafür Sorge tragen, dass bereits das Antlitz dieser Geschichte wenigstens Züge des Reiches des beziehungsreichen Gottes aufweist;

(9) **Kultusministerien**, die dem Ausfall des Religionsunterrichts an berufsbildenden Schulen wirksam entgegentreten, und

(10) Verbände von Lehrerinnen und Lehrern, die europaweit kooperieren – zugunsten einer Religionsdidaktik, die Wege zur Selbstkundgabe entdecken **beziehungsweise zur eigenen Stimme finden lässt**.

In diesem Sinne werde ich – und nicht nur ich – nach Kräften dazu beitragen, dass aus dem philosophisch-theologisch berühmten Standort Sankt Georgen in wachsendem Maße auch ein religionspädagogischer wird. Dabei ist uns jede Unterstützung sehr, sehr willkommen!

Literatur

KIEßLING, KLAUS: Zur eigenen Stimme finden. Religiöses Lernen an berufsbildenden Schulen, [Zeitzeichen, 16], Ostfildern 2004.

Konfessionelle Kooperation

Referenten: Jörg Conrad / Matthias Gronover
Moderation/Bericht: Jörg Conrad / Matthias Gronover

Dieser Workshop wurde von ca. 20 Interessierten besucht, deren Vorstellung eine erste entscheidende Bedingung konfessioneller Kooperation an berufsbildenden Schulen zu Tage förderte. Die Verhältnisse an den verschiedenen Schulen sind höchst unterschiedlich. Das klingt zunächst banal, ist aber gerade für eine „konfessionelle Kooperation" von großer Bedeutung. Ein Teil der vertretenen Schulen hat konfessionelle Klassen, die parallel von Vertretern der katholischen und der evangelischen Kirchen unterrichtet werden. Ein anderer Teil hat eine gemischt konfessionelle Klasse und keinen Kollegen. Neben evangelischen und katholischen Schülerinnen und Schülern sitzen solche ohne Bekenntnis, sitzen Muslime und Angehörige anderer Konfessionen. Die Ausgangsbedingungen sind also höchst plural.

Noch etwas Zweites wurde schon in der Vorstellungsrunde deutlich. Einige der Kollegen und Kolleginnen wünschten sich Klarheit über das, was rechtlich an Kooperationen möglich ist und darüber, was die Kirchen davon unterstützen und gut heißen.

Konfessionelle Kooperation, so der erste Eindruck, ist ein Thema von Interesse; allerdings von ganz verschiedenen Ausgangsbedingungen her und mit einigen Unsicherheiten versehen.

Anschließend berichteten die beiden Referenten kurz über das von der DFG geförderten Tübinger Forschungsprojekts zur „Konfessionellen Kooperation". Dabei wurde zum einen der pädagogische und theologische Hintergrund angesprochen, wobei Wert darauf gelegt wurde, dass „Konfessionelle Kooperation" über die konkreten Formen der Kooperation hinaus auch eine Art hermeneutischer Reflexionsebene sein kann, die zu einer sensibleren Wahrnehmung von konfessionellen Akzenten bei zu unterrichtenden Themen, vor allem aber der Prägungen der Schülerinnen und Schüler sowie der Lehrkraft selbst beitragen kann. Zum anderen wurde in einer knappen Skizze erläutert, wie das Projekt angelegt ist und was für Formen der konfessionellen Kooperation bisher wahrgenommen und in der Praxis erprobt wurden.

Es schloss sich an diese Präsentation unmittelbar ein offenes Gespräch bis zum Ende des Workshops an, in dem folgende Punkte diskutiert wurden:

Es wurde im Anschluss an eine These von Klaus Kießling (Konfessionalität des Unterrichts hängt oft allein an der Lehrkraft) darüber gesprochen, in wie weit ein jeder selbst konfessionell geprägt ist. Vor allem aber, was dies angesichts einer konfessionell, gar religiös, gemischten Klasse bedeutet. Es wurde überlegt, wie man so allen Schülerinnen und Schülern gerecht werden könne, da zwischen der Möglichkeit, authentisch eine bestimmte Konfession zu vertreten und der Möglichkeit über die andere Konfession zu informieren, deutlich unterschieden wurde.

Daran schlossen sich Überlegungen dazu an, welche Bedeutung eine solche authentische Vertretung für die Schülerinnen und Schüler haben kann, indem ihnen hier ein Gesprächspartner zur Verfügung steht, der ihnen mehr bieten kann als Informationen und an dem sie sich entsprechend reiben können.

Es wurde weiter darüber gesprochen, was konkret an Kooperationen möglich ist. Hier wurden nochmals die unterschiedlichen Voraussetzungen je nach Situation der Schule bedeutsam. Wenn die Situation es ermöglicht, wurde es als durchaus erstrebenswert angesehen, den Kollegen der anderen Konfession als einen authentischen Vertreter in den Unterricht einzuladen bzw. die Klassen für einen Zeitraum zu tauschen oder gar gemeinsam zu unterrichten.

Es wurde auch angedacht, ob es möglich sein könnte, dass in gemischten Klassen, die Schülerinnen und Schüler als Vertreter ihrer Konfession angesprochen werden könnten. Auf jeden Fall wurde nochmals betont, dass die Verschiedenheit in solch gemischten Klassen sensibel wahr und ernst genommen werden muss.

Einige der Lehrerinnen und Lehrer äußerten, dass sie gerne genauer wüssten, was die Position der Kirchen im Blick auf die Möglichkeiten und das Erwünschte an konfessioneller Kooperation ist. Darüber hinaus war auch die rechtliche Lage von Interesse.

3.1

Religiöse Orientierung und Lernfelddidaktik

Referenten: Prof. Dr. Pätzold / Dr. A. Verhülsdonk
Moderation / Bericht: Josef Jakobi

Zu Beginn des Workshops hielt Prof. Dr. G. Pätzold ein Impulsreferat zur „Lernfelddidaktik". Markante Punkte dabei waren:

· Für Ausbildungsberufe des Dualen Systems werden seit 1996 durch die KMK Vereinbarung für die Überarbeitung von Rahmenlehrplänen „Lernfelder" vorgegeben. Sie werden seitdem als Lernfeldkonzept in allen Bundesländern eingeführt.

· Diese Vorgabe der Lernfeldorientierung für den berufsbezogenen Lernbereich der beruflichen Bildungsgänge innerhalb der berufsbildenden Schulen ermöglicht Handlungsorientierung, stärkt Kommunikations- und Kooperationsprozesse, erhöht Lernmotivationen und intensiviert authentisches Lernen mit beruflichem Praxisbezug.

Aus der anschließenden Gesprächsrunde mit den 43 Teilnehmern des Workshops gingen folgende Gesprächspunkte und Anfragen hervor:

· Es besteht die Notwendigkeit der Lehrerteambildung, jedoch sind kaum organisatorische Freiräume innerhalb der Berufsschule, Arbeitszeitregelungen, Stundenplangestaltung u. ä. vorhanden.

· Wo bleibt das Proprium, die Eigenständigkeit des Religionsunterrichts (RU), wenn der RU vorrangig zu vorgesehenen Lernfeldern fachliche Beiträge erbringen soll?

· (Korrigierender Hinweis in „Handreichungen für die Erarbeitung von Rahmenlehrplänen der KMK", Stand 15.09.2000, Seite 5: „Lehrpläne für den berufs übergreifenden Bereich der Berufsschule werden von den Ländern in eigener Zuständigkeit erarbeitet.")

· Da berufliche Handlungsorientierung immer auch mit Normen und Werten verbunden ist, sollte der RU zu bestimmten beruflichen Lebenssituationen, die mit den Lernfeldern verbunden sind, seine Beiträge einbringen.

· Eine Kooperation der beteiligten Lehrkräfte eines Bildungsgangs ist unter dem Aspekt „gleichwertiger" Beteiligung für Religionslehrerinnen und Religions-lehrer kaum möglich. Eine andere Art von Inhalten im RU bleibt unverrechenbar.

· Praxisbeispiele zur Verbindung von Lernsituationen und RU wurden von Teilneh-menden an Beispielen erläutert, z. B. Berufsschule in Augsburg bzw. Datteln.

· „RU ist kein Zulieferer für Geschäftsprozesse". Eine kritische Funktion des RU im Bildungsgeschehen soll erhalten bleiben. Dies gilt auch hinsichtlich der Lernfeldkonzeption.

· Das Verständnis von konfessionellem RU wird sich durch Kooperationen mit den berufsbezogenen Lernfeldern (Fächern) ändern. In welcher Weise?

· Dr. A. Verhülsdonk empfiehlt: Angesichts der Reform der Berufsschulen durch das Lernfeldkonzept der KMK und in den Bundesländern sollten Religions-lehrerinnen und Religionslehrer nicht vorrangig Bedenken äußern, sondern Herausforderungen produktiv erwägen und auch Chancen zum Einbringen religionspädagogischer Ziele wahrnehmen. Er plädiert für die Stärkung des Fachprinzips und gegen einen „religiösen Unterricht für alle".

· Das Lernfeldkonzept wird die Berufsschule weiter entwickeln, der RU sollte daran aktiv teilnehmen: Eigenständig und kooperativ.

Beruf als Gottesbeziehung

Referent: Dr. Eckhard Norhofen
Moderation / Bericht: Monika Appler

Gesprächsschwerpunkte im Workshop waren dir drei von Dr. Norhofen aufgeführten Problembereiche/Thesen:

1. Wie können wir Kinder und Jugendliche dazu bringen, den Veränderungsdruck auszuhalten?
Der Religionsunterricht kann und soll stabilisieren!

2. Ein positiver Nebeneffekt des Religionsunterrichts ist im Bereich Ethik zu erkennen. Laut Bucher-Untersuchung sind die Religionslehrer überdurchschnittlich zufrieden. Diesbezüglich gibt es im Land kein Gefälle. Zu verzeichnender Unterrichtsausfall liegt nicht an den Religionslehrern.

3. Es gibt eine Nützlichkeit des Übernützlichen. Religion(sunterricht) sichert Unterbrechungsräume. Diese wirken sich innovativ aus.

Im Gespräch ging es um folgende Bereiche:
· Mehr und mehr Schülerinnen und Schüler kommen praktisch ohne Vorwissen in den Unterricht.
· Vertreter des Religionsunterrichts werden als „fremd" erfahren.
· Problematik der Abwahl des Religionsunterrichts (z. B. verursacht durch Unterrichtsorganisation)

Prof. Dr. Albert Biesinger stellte zwei weitere Thesen vor:

1. Das Gottesbild im Hintergrund des Religionsunterrichts: Gott ist nicht ausgegrenzt. In Anlehnung an Buber kann formuliert werden, Gemeinschaft ist von Gott umfasst. Eine solche existentielle Hermeneutik gehört in den Religionsunterricht. Einem solchen Gottesbild entspricht ein Menschenbild, das geprägt ist von der Hoffnung, nicht allein zu sein.

2. „Religion wird in der Gesellschaft immer weniger, also wird es mit dem Religionsunterricht schwieriger. "

Gerade hier zeigt sich die Notwendigkeit von Aufklärung und der Vermittlung von interreligiöser Kompetenz.

Im zweiten Teil des Gesprächs wurden Ansätze des ersten Teils noch einmal aufgenommen. Der Feststellung, dass die Basis im Religionsunterricht fehlt entspricht gleichzeitig die Beobachtung, dass bei den Menschen das Gefühl dafür wächst, dass etwas fehlt (ohne Religion).

Immer wieder wurde durch das Gespräch deutlich, dass der „vermittelnde Mensch" bei der Begegnung mit Menschen im Religionsunterricht und bei anderen Gelegenheiten den Bezug zu Gott herstellt/en kann, der davon ausgeht, dass jeder Mensch gleichzeitig „verhimmelt und geerdet ist."

Wie kann Religionsunterricht gelingen?

Referent: Prof. Werner Tzscheetzsch
Moderation / Bericht: Theo Sprenger

Zunächst wird das Thema des Workshops präzisiert. Prof. Tzscheetzsch geht es dabei um die Klärung dessen, was die Qualität des Religionsunterrichts bestimmen könnte.

Dazu wurden drei Thesen von Prof. Dietrich Benner (HU, Berlin) übernommen, die zentrale bildungstheoretische Dimensionen von Religionsunterricht beschreiben, damit dessen bildende Kraft sich entfalten kann.

Die „religionszivilisierende Dimension": In der multireligiösen Gesellschaft benötigen Menschen ein aufklärendes Wissen darüber, was Religion ist, um nicht durch religiöse Ideen verführbar zu sein.
Die „aufklärend-erinnernde Dimension": Durch Religionsunterricht werden kulturelle Spuren des Christentums ins Bewusstsein gehoben, wie sie beispielsweise in der Werbung benutzt werden. Das Christentum als kulturprägende Dimension wird inhaltlich erschlossen.
Die „Dimension der Erstbegegnung mit Religion": Die Zahl nicht religiöser Menschen (die gibt es wirklich!) steigt stetig an. Religionsunterricht sollte ihnen inszenatorisch religiöse Praxis nahe bringen, ohne sie zu vereinnahmen.

[1] Feige 2001

Der Referent betonte unter Hinweis auf Untersuchungen zu „Religion bei ReligionslehrerInnen"[1], dass diese den Religionsunterricht professionell planen und durchführen, indem sie sich in einem Prozess doppelter Reflexion Rechenschaft geben: Sie reflektieren ihre eigene Religiosität und in einem weiteren Schritt die zu vermittelnden Inhalte des Faches angesichts ihrer Schülerinnen und Schüler.

Danach werden die Thesen Anton Buchers (Salzburg) zur Frage „Was ist guter Religionsunterricht?" zitiert.
Er bereitet SchülerInnen Freude.
Er ermöglicht Selbsttätigkeit der SchülerInnen.
Er wird von den SchülerInnen als lebensrelevant empfunden.
Er bringt explizit religiöse Themen, insbesondere Gott, zur Sprache.
Er peilt die ihm vorgegebenen Ziele an und erreicht sie zumindest partiell.

Schließlich fasste Werner Tzscheetzsch aus seiner Sicht die wesentlichen Merkmale eines gelingenden Religionsunterrichts in sechs Thesen zusammen:
Der Religionsunterricht ist theologiegeleitet, aber nicht theologiekundlich.
Der Religionsunterricht ist erfahrungsorientiert, aber nicht erfahrungsfixiert.
Der Religionsunterricht ist lehrerabhängig, aber nicht lehrerzentriert (Professionalität zeigt sich darin, dass Beziehungen kritisch reflektiert werden).
Der Religionsunterricht ist beziehungsorientiert, aber löst Unterricht nicht in Beziehungsarbeit auf.
Der Religionsunterricht ist ein Orientierungsfach, ohne zu indoktrinieren.
Der Religionsunterricht erörtert Glauben polyperspektivisch und nicht eindimensional (Die enorme Vielfalt an Glaubensformen innerhalb der Kirchen entspricht dem Wirken des Heiligen Geistes).

In der anschließenden Aussprache dominierte die Frage nach der Einführung von Bildungsstandards im Religionsunterricht. Richtlinien dazu hat die Kommission VII der Deutsche Bischofskonferenz für den mittleren Bildungsabschluss soeben verabschiedet. Prof. Werner Tzscheetzsch berichtete über die Arbeit und gab seiner Befürchtung Ausdruck, dass hier ein kleiner Katechismus auf Umwegen eingeführt werden könnte. Die Bildungsstandards beziehen sich auf einen engen Ausschnitt des religiösen Lernens, das kognitiv definiert und überprüfbar sein soll. Er betonte, dass in diesem Bereich noch erhebliche Forschung erforderlich sei: Wie entwickeln sich kognitive Strukturen religiösen Urteilens und handlungsleitende Impulse für religiöses Verhalten und wie finden die entsprechenden Evaluationen statt? Inzwischen werden Lehrpläne für den berufsübergreifenden Lernbereich in einigen Ländern durch Bildungsstandards ersetzt.

Anfragen und Erfahrungsberichte der Teilnehmer zeigten eine unübersichtliche Vielfalt aktuell geänderter Vorgaben, Schulversuche, unsinnige Unterrichtsregelungen und widersprüchliche Konzepte. Prof. Werner Tzscheetzsch fasste die Erfahrungen zusammen: Es gebe zu viele Baustellen ohne konzeptionellen Zusammenhang. Schnelle Erfolge nach PISA seien nicht machbar. Die Situation frustriere die Lehrkräfte. Er forderte die KollegInnen dazu auf, sich nicht beirren zu lassen.

Literatur

FEIGE, ANDREAS: ‚Religion' bei ReligionslehrerInnen. religionspädagogische Zielvorstellungen und religiöses Selbstverständnis in empirisch-soziologischen Zugängen. Berufsbiographische Fallanalysen und eine repräsentative Meinungserhebung unter evangelischen ReligionslehrerInnen in Niedersachsen, Münster 2001. (Zitiert als: Feige 2001)

Kommunikative Theologie im Kontext religiöser Bildung

Referentin: Dr. Martina Kraml
Moderation: Hubert Wörner

Einen hervorragende Brücke vom Vormittag zur Arbeit in unserem Workshop „Kommunikative Theologie im Kontext religiöser Bildung" am Nachmittag bildete die Bemerkung von Herrn Staatssekretär Rau: „Im Religionsunterricht geht es um die Gottesbeziehung, da spielt Theologie eine Rolle."

Damit war das wesentliche Stichwort und die Grundfrage schon gegeben: Welche Art von Theologie/Theologietreiben ist not-wendend, welche braucht es? Wir kamen dazu im Workshop intensiv ins Gespräch, denn Kommunikative Theologie[1] ist aus der Beobachtung heraus entstanden, dass theologische Theorie und theologische Praxis auseinander klaffen. Am Anfang Kommunikativer Theologie stand das Anliegen, eine Form des Theologietreibens zu finden, die die beiden Pole wieder zusammen bringen kann. Der Religionspädagoge Matthias Scharer aus Innsbruck und der Dogmatiker Bernd Jochen Hilberath aus Tübingen versuchten das in den vielen gemeinsam geleiteten theologischen Kursen zu verwirklichen.

Form und Inhalt des Theologietreibens zu verbinden, was heißt das? Ein Beispiel soll es verdeutlichen: In der Theologie geht es inhaltlich wesentlich um Beziehung: die Beziehung Gottes zu den Menschen, ungeschuldet und vor allem Verdienst, aber auch um die Beziehung der Menschen zu Gott und die Beziehung der Menschen untereinander. Aber: Beziehung, wie sie leibt und lebt (lebendige Gemeinschaft, das lebendige, aktuelle WIR), hat im (akademischen) Theologietreiben bzw. im theologischen Lehren und Lernen selber kaum einen expliziten Stellenwert, lebt kaum. Aus diesem Mangel ergibt sich ein Grundanliegen Kommunikativer Theologie:

Nach dem Ansatz Kommunikativer Theologie entsteht lebendiges Theologietreiben, lebendiges theologisches Lehren und Lernen aus dem Miteinander. Das Miteinander (das WIR, die Gruppe) hat eine eigene theologische Dignität. Eingeschlossen ist in diesem Miteinander das gesamte Miteinander-Leben, also das Miteinander-Arbeiten und auch das Miteinander-Feiern. Gerade im Feiern verdichtet sich noch einmal das WIR und macht die theologische Dignität sichtbar.

Um lebensentfaltend miteinander arbeiten zu können, bedarf es Grundorientierungen. Kommunikative Theologie bezieht diese Grundorientierungen aus der Themenzentrierten Interaktion nach Ruth C. Cohn[2] und aus der Theologie.

[1] SCHARER 2003.

[2] MATZDORF 1992, S. 39 – 92.

Demnach sind unabdingbare Voraussetzungen des Miteinander-Lebens und -Arbeitens partizipative (berührbare) Leitung und Themenzentrierung.

Themenzentrierung wird durch die **vernetzte Aufmerksamkeit auf Eigenes** (ICH), auf **Gemeinsames** (WIR), auf den **theologischen Inhalt** (die Sache, die Begrifflichkeit, die theologischen Kategorien) und auf den Kontext (das, was uns alle als lokale wie globale gesellschaftlich-kirchliche Wirklichkeit umgibt bzw. auch der raum-zeitliche Rahmen, dem wir als Handelnde in konkreten Situationen unterworfen sind) erreicht.[3]

Das In-Beziehung-Setzen von ICH-WIR-ES-KONTEXT bringt eine spannungsreiche Dynamik in Gang. Um diese Dynamik bewältigen zu können, bestand Ruth C. Cohn auf so genannten Axiomen (weltanschaulichen Grundprinzipien) und Postulaten (Leitsätzen, nach denen die Leitung der Gruppen geschieht). Kommunikative Theologie hat dieses Instrumentarium für das Miteinander-Theologie-Treiben fruchtbar gemacht und weiterentwickelt. So wurden die grundlegenden Axiome inhaltlich theologisch gefüllt, d. h., das Miteinander-Theologie-Treiben ist ausgerichtet an folgenden Überzeugungen bzw. Optionen[4] (unvollständige Aufzählung):

a) Gottes Berührung durch die Geschichte hindurch, insbesondere Gottes Berührbarkeit in seiner Menschwerdung macht den Menschen zum Menschen – vor aller Leistung, es gilt daher: Gnade vor Machbarkeit, Nicht-Machbarkeit von Heil;

b) Gottes Berührung in Jesus ermöglicht uns das Annehmenkönnen einer unheilen Welt, voll von Brüchen, Frustrationen, Angst, Gewalt, Leid, Zerstörung und Tod; es gilt als Option: das Dennoch-Festhalten-Können an der Hoffnung auf gelingendes Leben;

c) Jesu Leben ist geprägt von integrativem Handeln; es gilt daher die Option auf die Integration von Ausgeblendetem, Abgespaltenem, Tabuisiertem bei sich selber und bei anderen;

d) Option auf Wahrnehmungsfähigkeit für die Differenz des Anderen (und auch für sich selbst) statt bloßem Aneignungsdenken;

e) die Unmöglichkeit der Kongruenz von Begehren und Erfüllung; Option auf den „offenen Himmel" und die Notwendigkeit der Aufrechterhaltung der Spannung zwischen „schon" und „noch nicht" (eschatologischer Vorbehalt);

[3] Das heißt: Das konkrete Thema einer Arbeitseinheit in einer Gruppe entsteht aus dieser vernetzten Wahrnehmung, auch die Struktur und die Methode, mit der gearbeitet wird, richtet sich danach.

[4] Diese Grundüberzeugungen und Optionen sind u. a. auch entstanden aus der Auseinandersetzung im Fakultätsforschungsschwerpunkt der Theologischen Fakultät Innsbruck (Religion – Gewalt – Kommunikation – Weltordnung http://theol.uibk.ac.at/rgkw/), deren Teilschwerpunkte die Kommunikative Theologie (http://praktheol.uibk.ac.at/komtheo/) und die Dramatische Theologie (http://theol.uibk.ac.at/rgkw/drama/) sind.

3.4

Der Workshop selber wurde ein Beispiel des Miteinander-kommunikativ-Theologie-Treibens. Dadurch, dass ein lebendiges Gespräch entstand und TeilnehmerInnen immer wieder ihr Eigenes, eigene Sichtweisen, eigene Problempunkte und eigene Anliegen einbrachten, wurde erst richtig erlebbar, dass Theologie im lebendigen Miteinander entstehen kann, ja entstehen soll. Im Falle Kommunikativer Theologie hat sich gezeigt, dass sie gerade auch durch die Beiträge der TeilnehmerInnen wächst und weiter entwickelt werden kann.

Die kritischen Anfragen bewegten sich

· im Bereich des Kommunikationsverständnisses (Was für ein Kommunikationsverständnis liegt zu Grunde? Und kann man so ohne weiteres ein theologisches Kommunikationsverständnis einführen?);

· im Bereich des Verhältnisses eine Theologie – viele Theologien (Ist Kommunikative Theologie einfach eine weitere „Attributivtheologie"? Ist es nicht besser von einem Stil des Theologietreibens zu reden? Aber: Woher kommen dann die „Inhalte"?);

· im Bereich der „Umsetzbarkeit" vor allem im Hinblick auf größere Gruppen und „Muss-Gruppen", also z. B. Schule (Kann man mit Kommunikativer Theologie unter den Bedingungen von Schule wirklich arbeiten?)

Ein weiterer geplanter Schwerpunkt des Workshops, die Situierung der Arbeit Kommunikativer Theologie im Bildungskontext (sozusagen der Bildungskontext als ein Beispiel der Arbeit Kommunikativer Theologie), konnte aus Zeitgründen nur mehr kurz angerissen werden.
In einem ersten Schritt wäre es hier um ein Hinter-die-Kulissen-Blicken gegangen, um das Nachspüren der Bilder, Sehnsüchte, Träume, die unser alltägliches Bildungsverständnis und Bildungshandeln leiten. Ein nächster Schritt wäre der Frage gewidmet gewesen, welche Aufgabe die Theologie in diesem Kontext hat, welche Kriterien sie für lebensentfaltende Bildungskonzeptionen/für lebensentfaltendes Bildungshandeln zur Verfügung stellen könnte.

Literatur

SCHARER, MATTHIAS / HILBERATH, BERND JOCHEN: Kommunikative Theologie. Eine Grundlegurg, Mainz ^{2}2003. (Zitiert als: Scharer 2003)

MATZDORF PAUL / COHN, RUTH C.: Das Konzept der Themenzent-rierten Interaktion, in: LÖHMER CORNELIA / STANDHARDT, RÜDIGER (Hrsg.): TZI. Pädagogisch-therapeutische Grupper arbeit nach Ruth C. Cohn, Stuttgart 1992, S. 39-92. (Zitiert als: Matzdorf 1992)

Wahrnehmung und Sensibilität im Religionsunterricht

Referentin: Prof. Dr. Helga Kohler-Spiegel
Moderation: Andreas von Erdmann

Am Beginn des Workshops stand eine Begriffsklärung von Sensibilität, hin zu Empfindlichkeit, Empfindsamkeit, Feinfühligkeit, womit bei Funkgeräten die Empfangsempfindlichkeit bezeichnet wird. Wahrnehmung und Sensibilität – so die These – gehören eng zusammen und eröffnen uns gerade im Berufsschulbereich, in dem so viel anderes im Vordergrund steht, beinahe ein Konzept, beides einzuüben. Wir nehmen ständig wahr, aber ob wir wirklich wahrnehmen, ist unsicher. Es braucht unsere Aufmerksamkeit und unsere Achtsamkeit, um wahrzunehmen. Kinder gehen oft mit offenen Augen durch die Welt und schauen, was sie entdecken können, dies gilt es weiterhin einzuüben. Wahrnehmen und Sichtbarmachen gehören zusammen. Zur Konkretisierung der Erfahrung, in der Wahrnehmung eingeschränkt zu sein, wurde die Geschichte des Taubstummen in Mk 7,31-37 gewählt. Dort sind es andere Menschen, die den Taubstummen geheilt haben wollen, die diesen Mann wieder als Hörenden und Sprechenden in ihrer Gemeinschaft haben wollen. Am Verhalten Jesu wurde der Unterschied verdeutlicht, dass wir häufig wahrnehmen, wie es sein sollte, und nur ungern sehen, hinsehen, wie es ist. Wahrnehmen muss auch ein Wahr-Nehmen, ein Für-wahr-Nehmen sein.

Ruth Cohn, die Begründerin der Themenzentrierten Interaktion, geht von Axiomen, d.h. Grundannahmen aus, hinter die wir nicht zurück können, eine solche Grundannahme ist: „Ehrfurcht vor allem Lebendigen und seinem Wachstum". Dieses Axiom beinhaltet, wahrzunehmen, wo sich jemand entwickelt, was jemand schon kann und was er oder sie noch entwickeln könnte, vielleicht auch sollte. Allein dieser Gedanke nach dem Wachstum, den Entwicklungsmöglichkeiten eines Menschen eröffnet einen anderen Blick auf die Schülerinnen und Schüler – und auf die Lehrperson. Dies für sich selbst und mit jungen Menschen einzuüben, verändert die Perspektive, wie wir uns selbst und andere Menschen wahrnehmen.

Denn: Wahrnehmen und genau hinsehen – das kann auf verschiedene Weise geschehen: distanziert, kritisch, wohlwollend, abwertend, unterstützend... Gerade im Berufsschulbereich ist herausfordernd, im Religionsunterricht diese

Wahrnehmungs- und Handlungskompetenz einzuüben: Einfach nur wahrnehmen – nach innen und nach außen, bei mir und bei anderen.

Was bedeutet das konkret: Mich selbst genau wahrzunehmen ist für die einzelne Person hilfreich, um zu verstehen und um einordnen zu können, was bei mir los ist, welche Stimmungen mich prägen, welche Bedürfnisse ich habe, was mich beschäftigt. Genau wahrnehmen ist auch für die Kommunikation untereinander von Bedeutung – bei anderen genau hinzuhören und hinzusehen ist unverzichtbar für gelingende Begegnungen. Neben dem Einüben dieser Fähigkeiten ist von Zeit zu Zeit die Reflexion dieser Prozesse unverzichtbar, um die Prozesse der Selbstwahrnehmung und der Kommunikation zu verstehen und neue Formen im Umgang miteinander und neue Wege der Konfliktlösung zu entwickeln.

Zum religiös-ethischen Lernen in pluralem Kontext gehören das Einüben von Wahrnehmung und Beziehung. Die Vielfalt und die teilweise Widersprüchlichkeit gegenwärtiger gesellschaftlicher Pluralität erfordert die Fähigkeit, diese Spannungen wahrzunehmen, auszuhalten und zu gestalten. Deshalb gehört zum Wahrnehmen auch, verschiedene, widersprüchliche Gefühle wahrnehmen zu können, widersprüchliche Interessen bei sich selbst und anderen Menschen, unausgesprochene Motivationen und Absichten. Mit klarem Blick sich selbst und andere Menschen sehen können, erleichtert auch entsprechendes Handeln. Was einem Menschen nahe kommt und ihn berührt, was für jemanden Bedeutung bekommt, das wird eher wahrgenommen. Genau hinsehen und in Beziehung treten – dies gilt im Umgang mit Sachen, dies gilt im Umgang mit Tieren, dies gilt im Blick auf Menschen. Menschen können aber nicht unbegrenzt in Beziehung treten, es sind ausgewählte, einzelne Personen, mit denen wir in Beziehung stehen. Über Identifikation kann sich dieser Kreis erweitern, über Bücher, Geschichten und Filme. Religiös-ethisches Lernen bezieht den Körper als den ureigensten Raum mit ein, es ist neben den kognitiven Elementen angebunden an Gefühle und an das Kennenlernen der eigenen Person.

Wahrnehmen einzuüben eröffnet – so verstanden – Möglichkeiten, Identität zu entwickeln im Sinne der Selbst- und Fremdwahrnehmung, es beinhaltet auch ethisch-religiöses Lernen. Es reicht also nicht aus, Empfindungen nur zu „haben", man muss sie auch wahrnehmen und „aufnehmen", versprachlichen können. Nicht anerkannte Gefühle belasten uns, besetzen uns, kosten uns sehr viel Energie. Wenn ich nicht spüren kann, wie es mir geht, wenn ich Gefühle nicht benennen kann, fällt es schwer, in Distanz zu ihnen zu gehen. Das Benennen und Ausdrücken ermöglicht, dass das Gefühl mir gegenüber ist. (Dies ist – übrigens – eine wichtige Funktion des Gebets.)

Wahrnehmung und Sensibilität im Religionsunterricht

Referentin: Prof. Dr. Helga Kohler-Spiegel / Moderation: Andreas von Erdmann

3.5

Jüdisch-christlicher Glaube baut auf diese Sensibilität (auch im psychologischen Verständnis), auf die Fähigkeit des Menschen zu empfinden und auf Reize zu reagieren. Das Ziel ist nicht, kein Gefühl zu haben, sondern die Gefühle wahrzunehmen und zu gestalten. Im Blick auf Jesus ist nicht das Freiwerden von allen Empfindungen das Ziel, sondern mitfühlen, Mitleid empfinden zu können, Freude und Trauer, auch Zorn ....

Diese Haltung des Wahrnehmens muss immer wieder eingeübt werden: sich selbst wahrnehmen, beispielsweise mit Wahrnehmungsübungen im Sinnesbereich, in Stilleübungen. Wieder genau hören, schmecken, riechen – sei es in der Natur, sei es am Arbeitsplatz, eigene Gefühle und Stimmungen sowie andere Menschen genau wahrnehmen, zuhören, hinsehen. Hilfreich ist zu verstehen, wie Wahrnehmung „funktioniert", das eigene Tun mit Hintergrundwissen zu ergänzen. Wahrnehmung braucht Sprache und Ausdruck, wobei die Art der Ausdrucksform sehr vielfältig sein kann, Worte und Bilder, Gesten und Musik. Im religiösen Bereich brauchen wir nicht primär religiöse Fachsprache, sondern eine Sprache für Religiöses, eine erfahrungsoffene, teilnehmende Sprache. Wir brauchen Ausdrucksmöglichkeit für unsere Gedanken, Gefühle, Sorgen – nicht nur in verbaler Sprache, auch Theater, Musik, Videofilme, etc. können hier hilfreich sein. Zur Wahrnehmung der eigenen Person gehört auch die Achtsamkeit für Andere. Um die Innenseite eines Menschen, seine Interessen, Motive etc. verstehen zu können, bieten sich Rollenspiele mit Rollenwechsel oder andere identifikatorische Methoden an. Zahlreiche weitere Beispiele für Wahrnehmung im Bereich des Religiösen wurden im Gespräch ausgetauscht.

Im Religionsunterricht ist meist nicht der Glaubensentscheid der Ausgangspunkt, sondern fragende und suchende Schülerinnen und Schüler stehen im Mittelpunkt des Unterrichts. Insbesondere in der inhomogenen Situation von Schulklassen kann „Wahrnehmung" helfen, sich in der Unterschiedlichkeit aufeinander einzulassen. Dort kann Glaube als „Sehschule" ins Spiel kommen: „... probehalber die Sehvorschläge nachzuvollziehen, die eine religiöse Tradition macht", nennt Rudolf Englert diesen Zugang. Probehalber Grundpositionen des christlichen Glaubens mitzuvollziehen, ohne sich schon im Glauben entschieden zu haben, ermöglicht, sich einzulassen und probehalber mitzuvollziehen, welche Perspektive und welche Konsequenzen die religiöse Haltung beinhaltet. Wenn wir ernst nehmen, dass unsere Lebenszeit begrenzt ist, kann das z. B. heißen: Das Leben als einmalig anzusehen, das eigene Leben und die verfügbare Zeit zu nützen, hier und heute zu leben. „Welche Folgen hätte das?" Probehalber – einen Sehvorschlag mitzuvollziehen, um darin auch Erfahrungen zu machen. Im Mit-vollziehen solcher Vorschläge lasse ich mich ein. Aus dem Erleben kann

Religiöses erfahrbar werden, so dass ich mich positionieren kann. Die Glaubensentscheidung selbst bleibt Sache der einzelnen Person.

Als Lehrpersonen sind wir für diese achtsame Form des Wahrnehmens Vorbild, „Modell". Als Lehrpersonen wissen wir, wie zentral die Wahrnehmung ist. Für uns heute wird wichtig sein, die Wahrnehmung wieder bewusst in den Blick zu nehmen, und weitere Möglichkeiten auszutauschen, wie wir im Alltag von Schule, Arbeit und Freizeit die Wahrnehmung bei den Berufsschülerinnen und Berufsschülern fördern und entwickeln können.

Literatur

ENGLERT, RUDOLF – FROST, URSULA – LUTZ, BERND (Hrsg.): Christlicher Glaube als Lebensstil. Stuttgart 1996.

Konfliktsituationen im Religionsunterricht aus tiefenpsychologischer und psychotherapeutischer Sicht

Referent: Dr. Lothar Katz
Moderation / Bericht: Erich Gliebert

Dr. med. Lothar Katz, katholischer Priester und Psychotherapeut, eröffnete in diesem Workshop mit ca. 40 teilnehmenden Personen tiefenpsychologische und psychotherapeutische Perspektiven auf Konfliktsituationen im Religionsunterricht. Mit diesem Angebot einer Zusatzbrille für Lehrkräfte, die keine Therapeuten sind und im Unterricht auch nicht als Therapeuten agieren können, sollen sie das Beziehungsgeschehen im Unterricht besser verstehen und in Konfliktsituationen angemessener agieren können.

Ausgehend von der Tiefenpsychologie Freuds und deren Anliegen, innere Konflikte aufzulösen, beschrieb Katz die Entwicklung der Psychoanalyse hin zu einer Beziehungsanalyse, in der es darum geht, über sich selbst nachdenken zu lernen und sich in den Beziehungen zu anderen besser zu verstehen.
Entwicklungspsychologisch gesehen vollzieht sich die Personwerdung des Menschen durch Einigungs- und Unterscheidungsprozesse. Dass dieses Zusammenspiel von Differenz und Bezogenheit oft nicht gelingt, zeigt die signifikante Zunahme von narzisstischen Störungen nicht nur in der psychotherapeutischen Praxis: Grenzen werden nicht mehr wahrgenommen und es bilden sich psychische Strukturen aus, im anderen ganz aufzugehen oder ihn sich zu subsummieren. Auch die Gewalttat von Erfurt z.B. kann als Ausdruck eines destruktiven und malignen Narzissmus verstanden werden.

Zwei Einsichten der Tiefenpsychologie sind nach Katz für das Verstehen von Beziehungen von besonderer Bedeutung: Die Übertragung und Gegenübertragung früherer Beziehungserfahrungen als aktualisierende Reinszenierung in allen wichtigen Lebensbeziehungen und die projektive Identifizierung, mit der das Unerträgliche zur eigenen Entlastung im anderen untergebracht wird.

„Man tut dem anderen an, was man ihm sagen will." Und: „Man veranlasst den anderen zu tun, was man selbst will." Wie kann diesem Agieren ohne Sprache begegnet werden? Katz setzt – im Rahmen schulischer Möglichkeiten – auf eine triadische Struktur, drei Fähigkeiten, die er auch theologisch versteht: auf die

Entwicklung und Förderung selbstreflexiver Kompetenz und der Fähigkeit zum Perspektivwechsel (Empathie). Eine weitere Perspektive eröffnet sich, wenn von einem dritten Punkt aus die Beziehungen zwischen sich und dem anderen betrachtet werden. Aus diesen drei Einstellungen erwächst Selbsterkenntnis und aus diesen drei Perspektiven gewinnen wir Erkenntnis über unsere Gemeinsamkeit und Verschiedenheit.

Anhand von Beispielen aus der therapeutischen Praxis von Lothar Katz und eigenen schulischen Erfahrungen der teilnehmenden Lehrerinnen und Lehrer wurden die Einsichten der Tiefenpsychologie spannend konkret. Dabei wurde auch der Zusammenhang von seelischem Entwicklungsprozess und Beziehungserleben sowie Glaube und Glaubensverständnis wahrnehmbar. Pointiert formuliert Lothar Katz an anderer Stelle: „Wer seelisch blind ist, glaubt nicht." Eine produktive Aufarbeitung von Konfliktsituationen im Religionsunterricht geschieht auch im Horizont der Erschließung der Gottesbeziehung.

Interkulturelles Lernen

Referent: Prof. Dr. Thomas Schreijäck
Moderation / Bericht: Beate-Irene Hämel

Im Rahmen des Workshops wurde interkulturelles Lernen aus allgemeinpäda-gogischer, berufsbezogener bzw. religionsunterrichtlicher Sicht an beruflichen Schulen reflektiert.

1.

Als bewusst weiter **Kulturbegriff** wurde derjenige des Projekts „Theologie inter-kulturell" (J.W. Goethe-Universität, Frankfurt a.M.) grundgelegt: „Kultur meint allgemein den in einer Gemeinschaft zu allgemeiner Geltung gelangten Umgang mit Wirklichkeit."

Er betrifft ebenso den Lebensalltag in ordnend-organisierender, wert- und regelhafter Hinsicht, wie auch die geistig-ästhetische Dimension, somit alle Kommunikation und Interaktion. Kultur ist eine Größe, die zu Orientierung und Identitätsbildung sowohl der einzelnen Personen wie auch der Gemeinschaft bei-trägt.

1.1

Kulturen erscheinen im Plural. Wir sprechen also von Multikulturalität bzw. von Pluralität (noch nicht zwangsläufig von Inter-Kulturalität), und zwar sowohl im individuellen als auch im gesellschaftlichen Bereich.

1.2

Kultur wird als Prozess verstanden, nicht als ein für allemal entwickelte Form des Umgangs mit Wirklichkeit. Trotz relativ stabiler Traditionen, in die Menschen sich enkulturieren, sind sie Subjekte und Mitgestalter der je eigenen Kultur.

1.3

Der Kulturbegriff darf weder ethnisch noch national enggeführt werden. Ver-allgemeinernde Sprachformen wie „die Afroamerikaner", „die Türken", „die Deutschen" sind unangemessene Universalisierungen, die meist mit undiffe-renzierten und unangemessenen Klischees einhergehen. Zugleich werden Pluralismus und Kulturwandel zu wenig bedacht, d.h. Menschen können durch unterschiedliche kulturelle Kontexte zugleich geprägt sein.

2. Zielformulierung für interkulturelles Lernen:

Option für die Gleichheit (i.S. von Gleichwertigkeit) aller, Ausbildung einer Haltung des Respekts gegenüber der Andersheit des oder der Anderen, Förderung von Kenntnissen über Kulturen und den interkulturellen Diskurs, Einüben des Kulturdialogs (Kommunikations- und Handlungskompetenz).

2.1

Notwendige Voraussetzungen/Aufgaben: Bewusstwerdung eigener Perspektivität und vorhandener kultureller Differenzen, Auseinandersetzung mit rassistischen und ethnischen Vorurteilen sowie Rollenzuschreibungen, Beschäftigung mit authentischen Kulturzeugnissen, Bewusstwerdung und Bearbeitung partikularer und universaler Gültigkeiten von Menschenbildern, Werten und Normen, versuchter Perspektivenwechse.

3. Interkulturelle Bildung im Kontext beruflicher Bildung:

Interkulturelle Kompetenz gilt als Schüsselqualifikation. Daher werden Trainingsprogramme zu ihrem Erwerb angeboten.

3.1

Kritisch zu reflektieren ist, ob die Bewältigung kultureller Differenzen im beruflichen Kontext im Sinne einer Konfliktbearbeitung oder als Einebnung kultureller Differenzen gedacht ist, ob die Trainingsprogramme sich nur aus ökonomischer Vernunft speisen und Fertigkeiten intendieren, die den jeweiligen Akteur in die Lage versetzen, in unterschiedlichen kulturellen Kontexten das jeweils produkt- oder ertragorientierte Maximum zu erzielen und ob überhaupt ein Dialog (und damit auch der Abschied vom „Mythos der Höherwertigkeit der eigenen Kultur") angestrebt wird.

3.2

Ein additives Nebeneinander von Einzelkompetenzen, die für verschiedene kulturelle Kontexte erworben werden, ist aus marktstrategischem Blickwinkel zielführend – wobei die jeweiligen Kenntnisse und Fähigkeiten nicht unsinnig sein müssen, verfehlt aber das Kernanliegen interkulturellen Lernens, den gelingenden Kulturdialog.

4. Interkulturelle Bildung im Kontext religiöser Bildung:

Verantwortliches Denken im Hinblick auf Religion und Glaube und die verantwortliche Gestaltung des eigenen wie des gesellschaftlichen Lebens bedürfen heute interkultureller Kompetenz. Im Religionsunterricht an berufsbildenden Schulen kann/muss der gewünschte Mehrwert (im Vergleich zu interkulturellen

Interkulturelles Lernen

Referentin: Prof. Dr. Thomas Schreijäck / Moderation/Bericht: Beate-Irene Hämel

3.7

Managertrainings) Berücksichtigung finden.

4.1

Der Grundlagenplan für den katholischen Religionsunterricht an berufsbildenden Schulen benennt interkulturelle Kommunikations- und Handlungskompe-
tenzen als Zielperspektive nicht explizit. Jedoch kann weder die Lebenswelt noch
die Arbeitswelt junger Menschen heute ohne interkulturelle Kommunikations-
und Handlungskompetenz bewältigt und gestaltet werden.
Wer heute schöpfungsgerecht zur Weltgestaltung beitragen will, wer die Botschaft vom Reich Gottes als befreiende Botschaft im Hier und Jetzt vernehmen
und wer im Zuspruch der jesuanischen Verheißung sein Selbstkonzept im globa-
len Horizont entfalten möchte, braucht eine interkulturelle Kommunikations- und
Handlungskompetenz auch in religiöser Perspektive (vgl. Aussagen zum Profil
des RU; Grundlagenplan S. 10).

5. Diskussionsergebnisse und bleibende Aufgaben:
· Was die eigene Kultur ausmacht wird einerseits als wichtige Frage für die Selbstreflexion anerkannt, tatsächlich erscheint die Frage aber heute für viele kaum
lösbar zu sein. Die Besinnung auf die Besonderheiten dieses je Eigenen (und ins-
bes. unseres Kultureigenen) ist für alle Beteiligten notwendig, um Zugehörigkeit
und Abgrenzung zu ermöglichen.

· Konfliktpotential in den Lerngruppen ergibt sich meist weniger in der Konstellation Herkunftsdeutsche – Migranten, sondern zwischen Nicht-Herkunftsdeut-
schen mit unterschiedlichem kulturellen und religiösen Hintergrund.

· Lehrende im RU an berufsbildenden Schulen benötigen verstärkt Austausch
und mehr Hilfestellungen für ihre Aufgaben (praktikable Konzeptionen für interkulturelles und interreligiöses Lernen). Auch die Wahrnehmung und Beschrei-
bung der eigenen Perspektivität ist ohne weiteres nicht zu leisten.

· Die Rahmenbedingungen für den RU an berufsbildenden Schulen sind für die
Umsetzung von Möglichkeiten religiösen/interkulturellen Lernens wenig förder-
lich (wenige, unregelmäßige Stunden, Stellung des Fachs).

Prof. Dr. Reinhard Bader
Zusammenfassung

· Mit welchen Themen hat der Kongress sein Motto konkretisiert?

· Welche zentralen Aussagen wurden getroffen?
  Welche Einsichten konnten wir gewinnen?

· Welche Handlungsoptionen sind erkennbar?
  Was ist in der Religionspädagogik zu tun?

Diesen Fragen gehe ich nach, aus der Perspektive eines Kongressteilnehmers, der hoffentlich hinreichend aufmerksam zugehört und beobachtet hat. Und ich ordne das Erfahrene natürlich ein aus der berufspädagogischen Perspektive von Bildung im und durch den Beruf.

Es waren im Wesentlichen drei Themen, mit denen das Motto ausdifferenziert wurde, und diesen entsprach auch die didaktische Struktur des Kongresses.

1. Selbstverständnis und Bildungsauftrag des Religionsunterrichts (RU)

Kardinal Lehmann entwickelte eine Theologie der Arbeit als inhaltlichen Bezug und als Reflexionsansatz für Religionsunterricht. Theologie der Arbeit meint mehr als Soziologie der Arbeit. Anknüpfend an die benediktinische Kultur „ora et labora", verwies er mit einem „Sonntagsblick" auf die religiöse Dimension der Arbeit. Kardinal Lehmann zeigte auch Bezüge zwischen seiner Theologie der Arbeit und aktuellen politischen Problemfeldern auf: Recht auf Arbeit, Reform des Sozialstaats, Erhalt der Sonntagsruhe.

Um das Selbstverständnis und den Bildungsauftrag des Religionsunterrichts ging es dann auch in mehreren Workshops und hierbei zentral um die Frage nach der pädagogischen Unterstützung oder allererst Ermöglichung einer Gottesbeziehung als der eigentlich religiösen Dimension des RU.

2. Einbindung des Religionsunterrichts in das berufsbildende Schulsystem

Staatssekretär **Rau** umriss den Bildungsauftrag des Religionsunterrichts im Rahmen des Bildungsauftrags der berufsbildenden Schulen als einen spezifischen Beitrag zur Persönlichkeitsentwicklung. Er erwartet vom RU – so in einem sehr bekennenden Vortrag – eine theologische Profilierung eben dieses spezifischen Beitrags.

Mit Bezug auf die Diskussion um Kooperationen des RU im Rahmen des Lernfeld-Konzepts verwies Staatssekretär **Rau** auf Chancen der Vernetzung mit dem berufsbezogenen Lernbereich, und zwar auf der Grundlage und unter Wahrung des eigenen Bildungsauftrags. Es gehe nicht um Verzweckung oder gar Aufgabe des eigenen Bildungsauftrags, sondern um eine zusätzliche Chance, diesen zur Geltung zu bringen.

Um die Gestaltung des Religionsunterrichts im Berufsbildungssystem, auf der Mesoebene der Schulen und auf der Mikroebene der konkreten Lehr-Lern-Arrangements, ging es auch in einer Reihe von Workshops.

3. Akzeptanz des Religionsunterrichts durch die ausbildende Wirtschaft

Für den Zentralverband des deutschen Handwerks analysierte Herr **Müller** Wandlungen in den Kompetenzanforderungen des Beschäftigungssystems und stellte Bezüge zu den Bildungsangeboten des Religionsunterrichts her.

Er verwies deutlich auf kritische bis ablehnende Haltungen im Handwerk. Das Handwerk lege jedoch gesteigerten Wert darauf, die Entwicklung von Sozialkompetenz zu fördern, denn diese sei Voraussetzung für die Verwertbarkeit der Fachkompetenz.

Trotz dieser Zweckorientierung der Bildung betonte Herr **Müller** auch die eigene Würde von Bildung und er betonte das Besondere beruflicher Bildung: Bildung hat einen Zweck, sie darf aber nicht verzweckt werden.

Handlungsbedarf sieht er in einer Verstärkung der Kontakte zwischen Religionspädagogen und Handwerk, und zwar auf allen Ebenen: vom einzelnen Betrieb bis hin zum Zentralverband des deutschen Handwerks.

4.0

Was folgt aus alledem für das Institut für berufsorientierte Religionspädagogik? Nach meiner Auffassung, dass es sein Arbeitsprogramm engagiert fortsetzt, d. h.:

· Empirische Forschung betreibt so, wie **Klaus Kießling** sie vorgezeichnet hat;
· Modelle für Religionsunterricht entwickelt, meint Fortsetzung der Arbeit von **Michael Boenke** u. a.;
· Lehrerbildung unterstützt einschließlich Lehrerfortbildung;
· Transfer in die Praxis fördert, z. B. durch Medienentwicklung;
· Nachhaltigkeit des Instituts sichert.

Die Signale in der Diskussion am heutigen Vormittag waren deutlich: Um seinen Bestand zu sichern, muss das Institut arbeiten, viel arbeiten. Hierzu hat es eine Theologie der Arbeit. Dies bedeutet – so der Kardinal –, Arbeit als Mühe zu akzeptieren, aber auch Arbeit als Leistungsanreiz wahrzunehmen, um ein kleines Stück weit Gott ähnlich zu sein. Und, auch das habe ich von **Kardinal Lehmann** vernommen: Der Fortbestand des Instituts ist eine Frage ersten Grades an die Glaubwürdigkeit der Deutschen Bischofskonferenz.

Ich gratuliere dem Institut für berufsorientierte Religionspädagogik, Kollegen Biesinger mit seinen Mitarbeiterinnen und Mitarbeitern, zu diesem sehr gelungenen Kongress. Allen Kolleginnen und Kollegen wünsche ich gute religionspädagogische Arbeit und: Halten Sie – mit Gottes Segen – weiterhin den Himmel offen.